GÜTERSLOHER
VERLAGSHAUS

Gütersloher Verlagshaus. Dem Leben vertrauen

Heinz Adler
Hartmut Feußner
Karin Schlenker-Gutbrod

Teamer in der Konfirmandenarbeit

Schulungsmodule für Ehrenamtliche

Mit CD-ROM

Gütersloher Verlagshaus

Bibliografische Information der Deutschen Nationalbibliothek
Die Deutsche Nationalbibliothek verzeichnet diese Publikation in der Deutschen Nationalbibliografie; detaillierte bibliografische Daten sind im Internet über http://dnb.d-nb.de abrufbar.

Die vorliegende CD-ROM enthält in digitaler Form sämtliche Arbeitsschritte und ausführliche Erläuterungen der Verlaufspläne dieses Buches.

Die Daten auf der CD-ROM sind bis auf wenige Ausnahmen als **offene** PDF-Datei abgelegt, so dass sie auf den meisten Computern zu lesen und in allen gängigen Textverarbeitungsprogrammen (z. B. »Word« oder »Open Office«) über die Zwischenablage einzufügen und nachzubearbeiten sind. Benötigt wird dafür lediglich der Adobe Acrobat® Reader 5 oder höher.

1. Auflage

Umschlaggestaltung: Init GmbH, Bielefeld
Umschlagfoto: © Thinkstock/Corbis, Clover, USA
Reproduktionen: Katja Rediske, Landesbergen
Satz: Katja Rediske, Landesbergen
Druck und Einband: Těšínská Tiskárna AG, Český Těšín
Printed in Czech Republic
ISBN 978-3-579-05586-2

www.gtvh.de

Inhalt

Einleitung

A

Konfirmandenarbeit mit Profil braucht profilierte Mitarbeitende

»Wenn alles schläft und einer spricht, solches nennt man Unterricht,« schrieb vor über 100 Jahren der Humorist Wilhelm Busch. Im Laufe der Zeit hat sich einiges in der Pädagogik und im Unterricht geändert. Aber nach wie vor stimmt beim Blick in die Schule zumindest, dass eine Lehrkraft alleine den Unterricht und die Unterrichtsstunden gestaltet.

Im Konfirmandenunterricht kann das anders aussehen. Die Konfirmandenarbeit wird zunehmend zum Betätigungsfeld nicht nur für Hauptamtliche, sondern auch für Ehrenamtliche. Das hat gute Gründe. Der Glaube, wie alles, was wesentlich ist im Leben, vermittelt sich personal. Der oft beklagte Individualismus erfordert geradezu, dass mehr Personen als nur der Pfarrer/die Pfarrerin als Gesprächspartner/Gesprächspartnerin zur Verfügung stehen. Denn Jugendliche suchen persönliche Beziehungen und Vorbilder, ein Team im Konfirmandenunterricht erweitert deshalb die Möglichkeit für die Jugendlichen, sich an Personen zu orientieren und so an verschiedenen Menschen wahrzunehmen, wie Christsein heute gelebt werden kann.

Mittlerweile gibt es vielfältige Formen der Mitarbeit Ehrenamtlicher. Sie reichen von projektbezogenem Engagement, etwa bei Konfirmandenfreizeiten, Glaubensgesprächen, Exkursionen oder Praktika, bis zur kontinuierlichen Anwesenheit im Unterricht und Begleitung eines ganzen Konfirmandenjahrgangs. Ehrenamtliche können in besonderer Weise auch Brückenbaufunktion hin zur Jugendarbeit haben.

In jedem Fall ist eine hinreichende Unterstützung und Schulung der Ehrenamtlichen für ihre Mitarbeit notwendig. Denn Kompetenzen müssen und können nicht generell von Anfang an vorausgesetzt werden; sie wachsen mit der Zeit, der Übung und der Aufgabenstellung. Dieser Wachstumsprozess benötigt kundige Begleitung.

In diesem Zusammenhang ist es wichtig, sich klar zu machen, dass man Mitarbeitende für ein Arbeitsfeld im Grunde nicht motivieren kann, aber man kann sehr wohl demotivieren. Wenn sich Ehrenamtliche für die Mitarbeit in der Konfirmandenarbeit bereiterklären, dann ist von einer Grundmotivation auszugehen, die aber dadurch noch vertieft werden kann, dass sie auf ihre Tätigkeit ausreichend vorbereitet werden. Dadurch erleben die Ehrenamtlichen nicht nur Wertschätzung seitens der Hauptamtlichen, sondern sie gewinnen für sich selbst einen Kompetenzzuwachs und ein eigenes Profil. Konfirmandenarbeit mit Profil braucht profilierte Mitarbeitende.

Die Frage ist also, wie man Ehrenamtliche in ihrer Mitarbeit in der Konfirmandenarbeit unterstützen und fördern kann.

Diese Fragestellung kann man aus zwei Perspektiven betrachten.

Zum einen aus der Sicht der Ehrenamtlichen: Wie kann ich mich einbringen mit dem, was mich interessiert und was ich beitragen kann? Wie kann ich mich für die Aufgaben, die auf mich zu kommen, qualifizieren? Und mit wem?

Zum anderen aus der Sicht der Hauptamtlichen: Was mache ich mit motivierten Ehrenamtlichen? Wie kann ich motivierte Ehrenamtliche an der Konfirmandenarbeit beteiligen? Welche Voraussetzungen sollten gegeben sein? Wie verändert sich Konfirmandenarbeit durch die Mitarbeit Ehrenamtlicher? Wie kann ich eine gelingende Qualifizierung für diese Aufgabe ermöglichen oder sogar anbieten?

Diese Arbeitshilfe (Buch und CD-ROM) will auf solche Fragen Antwortmöglichkeiten bieten. Deshalb sind in diesem Buch Fortbildungsmodule für die Qualifizierung Ehrenamtlicher zusammengestellt.

Diese Module entstammen der Praxis von Ehrenamtlichenschulungen, wie sie zurzeit unter anderem in Baden, Kurhessen-Waldeck und Württemberg durchgeführt werden, zum Teil auch in Kooperation mit Mitarbeitenden aus der Jugendarbeit.

In der Arbeitshilfe finden sich zwei unterschiedliche Modulformen, zum einen solche, die das »Handwerkszeug« ehrenamtlicher Mitarbeit schulen, zum anderen solche, die sich an gängigen Themen der Konfirmandenarbeit orientieren. In beiden Modulformen geht es darum, die Kompetenzen der Mitarbeitenden zu stärken und zu erweitern.

Zum »Handwerkszeug in der KA« zählen u. a. »Meine Rolle als Ehrenamtli-

cher«, »Kleingruppen leiten« oder »Auftreten vor Gruppen«. Zu den gängigen Themen der Konfirmandenarbeit zählen u.a. »Bibel«, »Taufe«, »Glaubensbekenntnis« oder »Schöpfung« – ohne den Anspruch zu erheben, alle relevanten Themen vollständig erfasst zu haben.
Im Rahmen dieser »Themen der Konfirmandenarbeit« lernen ehrenamtlich Mitarbeitende Methoden, Spiele, aber auch vertiefendes Hintergrundwissen kennen, die sie für ihre Arbeit in den Konfirmandengruppen nutzen können. Die Arbeitsschritte dieser Module können auch in der Arbeit mit den Konfirmandengruppen vor Ort eingesetzt werden.
Zu den Anwendungsmöglichkeiten dieser einzelnen Module findet der Leser im Buch eigene Hinweise, die sich aus den unterschiedlichen Schulungsmodalitäten in den oben genannten Landeskirchen ergeben haben.
Das Buch enthält die Ablaufplanung der Schulungsmodule und mindestens ein ausgeführtes Beispiel. Alle weiteren ausgeführten Arbeitsschritte und die Materialien finden sich auf der beiliegenden CD-ROM. Die Daten auf der CD-ROM sind bis auf wenige Ausnahmen als offene PDF-Datei abgelegt, so dass sie ohne Probleme auf den meisten Computern zu lesen und nachzubearbeiten sind.
Die Autoren hoffen, dass diejenigen, die mit dieser Arbeitshilfe in der Qualifikation Ehrenamtlicher arbeiten, hilfreiche Anregungen finden, um auf diese Weise ein lohnendes Arbeitsfeld der KA auszubauen: die Arbeit mit Ehrenamtlichen.
Aber auch Ehrenamtliche selbst werden mit Gewinn dieses Buch nutzen können und so für ihr Engagement in der Konfirmandenarbeit eine Bereicherung erfahren.
Zum Schluss noch eine Erklärung zur Sprachregelung. Die verschiedenen Möglichkeiten, eine inklusive Sprache auszudrücken, hindern oftmals den Lesefluss. Darum haben wir uns entschieden, wechselnd von Pfarrerinnen und Seelsorgern, von Frauen und Männern zu schreiben bzw. auch unterschiedliche Schreibweisen zu nutzen. Wir muten es Ihnen, den Leserinnen und Lesern zu, jeweils das andere Geschlecht mitzudenken.

Karlsruhe, Kassel, Stuttgart, im Sommer 2007

Heinz Adler
Hartmut Feußner
Karin Schlenker-Gutbrod

Hauptteil: Schulungsmodule

B

1. Module zur Leitungskompetenz

1.1 Ehrenamtliche begleiten – ein Kurzseminar

Karin Schlenker-Gutbrod

I. Ziele

- Zielgruppe: Pfarrerinnen und Pfarrer bzw. Leiterinnen und Leiter von Konfiteams.
- Ziel dieser Einheit ist, Hauptamtliche zu schulen, damit sie ihre ehrenamtlichen Mitarbeiterinnen und Mitarbeiter in der KA ganzheitlich begleiten können.

II. Hinführende Gedanken

- Was können Ehrenamtliche in die Konfirmandenarbeit einbringen?
- Chancen von ehrenamtlichen Konfiteamern im Unterricht und darüber hinaus.

1. Im Konfiteam arbeiten Ehrenamtliche kontinuierlich mit

Wer kontinuierlich im Unterricht mitarbeitet, bringt sich inhaltlich und didaktisch-methodisch ein. Eine methodische Vielfalt ist im Unterricht möglich. Der Frontalunterricht tritt in den Hintergrund.
Die Konfirmandinnen und Konfirmanden erleben den KU anders als den Schulunterricht.

Konfiteamer, die jede Woche im Unterricht mitarbeiten, sollten für diese Aufgabe freigestellt werden. Das Konfiteam sollte nicht (nur) aus schon anderweitig engagierten Jungscharleitern oder Kirchengemeinderäten bestehen. Wer jede Woche im Unterricht dabei ist, sollte dafür von anderen Ehrenämtern freigestellt sein.
Ehrenamtliche bilden mit dem Pfarrer oder der Pfarrerin den Kern des Konfiteams. Bei Aktivitäten darüber hinaus kann dieses Kernteam von weiteren Ehrenamtlichen ergänzt werden.

2. Im Konfiteam gibt es Projekt-Mitarbeitende

Das Konfiteam bietet nicht nur kontinuierlich mitarbeitenden Ehrenamtlichen, sondern gerade auch Personen, die eben nicht jede Woche Zeit haben, kreative Möglichkeiten sich einzubringen. Diese Projekt-Mitarbeitenden ergänzen das Konfiteam zeitweise mit ihren Gaben bei unterschiedlichen Aktivitäten wie Konfitage, Freizeiten, Ausflüge, Spiele, Feste.
Sie bringen sich ein mit speziellen Hobbies, Gaben, Erfahrungsberichten etc. und können in der Küche, am Computer oder mitten in der Gruppe tätig sein.
Konfirmandenarbeit ist so vielfältig, dass es sich lohnt, Projekt-Mitarbeitende einzubinden. Ältere Jugendliche oder Erwachsene, die nur begrenzt Zeit haben und keine wöchentliche Gruppe leiten können, wirken hier gerne mit.

3. Konfiteamer sind Beziehungs-Mitarbeitende

Jugendliche suchen *Gesprächspartner,* keine Besserwisser
Sie spüren:
- ob sich jemand wirklich für sie interessiert,
- ob sie ehrlich sagen dürfen, was sie denken,
- ob jemand auf ihre Fragen und Ansichten eingeht,
- ob christliches Programm nur abgespult wird,
- ob an ihre Lebenswelt angeknüpft wird,
- ob die Mitarbeitenden echt sind oder ihnen etwas vorspielen.

Die Konfiteamer sind für die Konfirmandinnen und Konfirmanden nicht nur Programmgestalter, sondern wichtige Bezugs- und Ansprechpersonen, die:
- Jugendliche ernst nehmen,
- selbst ernst genommen und gehört werden,
- zuhören können,

- Vorbilder sein wollen,
- keine »Berufschristen« sind und dennoch von ihrem Glauben, ihren Zweifeln und ihrem Alltag erzählen,
- das Potenzial in Jugendlichen sehen, wecken und fördern,
- Jugendliche kritisch begleiten und ganzheitlich fördern.

Das Konfiteam kann sich an der Gemeinschaft von Jesus mit seinen zwölf Jüngern orientieren. Jesus lebte mit seinem Team über drei Jahre auf engstem Raum; er zeigte ihnen im normalen Lebensvollzug, wie Glaube aussieht; er lehrte sie Inhalte, aber er lebte ihnen das Gesagte auch vor. Sie teilten ihr Leben miteinander, und so wurden die Jünger zu Glaubenden, die nachher selbst Verantwortung übernahmen.

4. Konfiteamer sind Teamarbeiter

Das Konfiteam lehnt folgende Aufgabenverteilung ab: Der Pfarrer ist für die Inhalte zuständig, die Ehrenamtlichen für das Fun- and Action-Programm und die Verpflegung. Die Teamer ergänzen sich, jeder bringt seine Gaben ein und übernimmt Aufgaben. Viele Organisations- und Arbeitsformen in der Konfirmandenarbeit werden erst durch ein Team möglich (betreute Gruppenarbeit, Lernstraßen, erlebnispädagogische Übungen etc.).

Das Konfiteam benötigt Zeit zur Vorbereitung. Wenn inhaltliche Themen aufbereitet werden, sollte auch Zeit sein, im Team einen persönlichen Austausch zum Thema zuzulassen. Die Vorbereitungstreffen dienen auch zur Schulung von ehrenamtlichen Konfiteamern.

Gut ist es, wenn ein Team altersmäßig gemischt ist und verschiedene Gaben einbringt. Es scheint vielleicht einfacher, nur mit Erwachsenen im Team zu arbeiten, aber gerade die jüngeren Teamer sorgen durch ihre Jugend dafür, dass die Konfirmandenarbeit auch didaktisch-methodisch die Zielgruppe der 13-Jährigen im Blick hat. Sie können wesentlich besser einschätzen, was bei Konfirmandinnen und Konfirmanden ankommt.

Teamer stehen für Gemeinde und den Lernort Gemeinde. Sie können und dürfen sehr unterschiedliche Rollen einnehmen: Leiterin, Partner, Zuhörerin, Actionmaker, Seelsorgerin, Vorbild, …

Konkret werden folgende Punkte erst durch ein Team möglich:

- jugendgemäße Zugänge zu den Inhalten des Katechismus,
- Erfahrungen in der Vermittlung von Inhalten (z. B. Methodenkompetenz und Methodenvielfalt),

- Gruppenprozesse erkennen und mitgestalten,
- Spiritualität jugendgemäß gestalten,
- der Lebens- und Musikwelt Jugendlicher Raum geben,
- Alltagserfahrungen von Glaube einbringen: »Wie lebe ich als junger Christ«.

5. Konfiteamer sind Brückenbauer in die Jugendarbeit

Das Konfiteam hat immer das Ziel, den Konfirmandinnen und Konfirmanden eine Heimat in der Kirchengemeinde anzubieten und Rahmenbedingungen zu schaffen, damit Jugendliche über die Konfirmandenzeit hinaus Heimat in der Jugendarbeit finden.

Tipp: Ein Konfiteam sollte aus mehreren Ehrenamtlichen bestehen. Nach einem Konfirmandenjahr bleibt ein Teil des Teams und gestaltet mit dem Pfarrer das nächste Konfirmandenjahr, ein Teil des Teams bleibt mit den Konfirmierten zusammen und begleitet diese weiter.

Fazit: Teamer bereichern die Konfirmandenarbeit und erleben diese Mitarbeit selber als bereichernd.

Die Begleitung von Ehrenamtlichen
Was gehört dazu und wie viel Zeit wird benötigt?

Der Teamleiter des Konfiteams kann der Pfarrer, die Pfarrerin sein, die Leitung kann aber auch von einem Jugendreferenten, Gemeindediakon oder erfahrenen ehrenamtlichen Mitarbeiter übernommen werden, der in enger Absprache mit dem Pfarrer steht. Ein Leitungsteam ist ebenfalls möglich, wenn die Aufgaben klar verteilt sind. Wichtig ist, dass der Teamleiter in engem Kontakt mit dem KU-Verantwortlichen steht.

Im Laufe eines Konfirmandenjahres sollten folgende Elemente in der Teamvorbereitung vorkommen:

- Jahresplanung, Gesamtorganisation des Jahres, Rahmenbedingungen, Regeln, Absprachen, Aufgabenverteilung;
- monatliches Treffen, um ein KU-Thema in zwei bis vier Einheiten zu gliedern, inhaltliche Überlegungen und methodisch-didaktischen Weg festlegen;

- wöchentliches Treffen, für detaillierte Absprachen und ein kurzes Feedback zur letzten KU-Einheit;
- Teamkultur, z. B. Einführungsgottesdienst, Pizzaessen, Sommerfest;
- Planungstreffen von größeren Aktivitäten wie z. B. Konfifreizeit, Gemeindepraktikum etc.;
- nach der Konfirmation: Auswertung des letzten Jahres.

1. Jahresplanung

Eine Jahresplanung legt fest, wann die Konfirmation ist, wann welche Themen im Unterricht, besondere Jugend- und Gemeindegottesdienste und wann die zusätzlichen Aktivitäten wie Freizeit, Praktikum, Zukunftswerkstatt etc. terminiert sind. Zusätzlich werden die Elternabende (evtl. sonstige Termine in der Elternarbeit) festgelegt. Das Konfiteam legt mit der Jugendarbeit gemeinsam fest, welche Termine zum Brückenbau in die Jugendarbeit wichtig sind. Im Jahresplan sollte deutlich erkennbar sein, was grundsätzlich zur Konfirmandenzeit dazu gehört, also »Pflicht« ist und was freiwillig angeboten wird. Wenn diese Planung zu Beginn des Konfirmandenjahres veröffentlicht wird, dann können sich alle Beteiligten, also Konfirmandinnen und Konfirmanden, ihre Eltern, Konfiteam, Jugendarbeit und Kirchengemeinderat auf die Termine langfristig einstellen und die Arbeit wird für alle transparent.
Beim Erstellen des Jahresplanes ist es wichtig, die Vorbereitungstreffen im Konfiteam gleich mit im Blick zu haben und sie festzulegen. Um die Konfirmandinnen und Konfirmanden selbst und das Team zeitlich nicht zu überfordern, hilft die Devise: Qualität geht vor Quantität. Man muss nicht jedes Jahr die Konfirmandenarbeit und den Unterricht neu erfinden. Im ersten Jahr allerdings sind alle am meisten gefordert.

2. Inhaltliche Planung zu einem Unterrichtsblock

Einmal im Monat wird im Konfiteam ein KU-Thema in zwei bis vier KU-Stunden (z. B. zum Thema »Gebet« oder »Taufe«) gegliedert; das Team diskutiert inhaltliche Fragen und Aspekte und der methodisch-didaktische Weg für die jeweilige Konfistunde wird festgelegt. Ähnlich wird bei größeren Aktivitäten wie Konfifreizeit, Konfitage, Konfirmationsgottesdienst, Elternabende, Gemeindepraktikum sowie Brücken in die Zeit nach der Konfirmation verfahren.
Wenn das regelmäßig tätige Konfiteam bei diesen größeren Aktionen Unterstützung benötigt, sollten zusätzliche Ehrenamtliche frühzeitig angefragt und mit der Vorbereitung rechtzeitig begonnen werden.

3. Regelmäßige Vorbereitung des Unterrichts

Wer wöchentlich im Konfiteam Unterricht gestaltet, benötigt in der Regel auch ein kürzeres wöchentliches Treffen, um detaillierte Absprachen zu treffen und ein kurzes Feedback zur letzten KU-Stunde zu geben. Je konkreter die inhaltlichen und methodischen Vorüberlegungen beim Monatstreffen waren, desto hilfreicher ist dies für die wöchentlichen Treffen im Konfiteam. Wenn diese Team-Vorbereitung direkt vor Beginn des Unterrichts liegt, kann methodisch-didaktisch nur das gestaltet werden, was schon vorbereitet und vorhanden ist. Spontane Ideen, die eine Vorbereitung benötigen (Einkauf, Material, Basteln) können nicht umgesetzt werden oder der/die Pfarrer/Pfarrerin gibt die Inhalte vor und hat das nötige Material schon dabei.
Wenn das Teamtreffen direkt nach dem Unterricht liegt, kann jeder ein kurzes Feedback der gerade beendeten Einheit geben. Wenn allerdings dann noch die nächste Stunde geplant werden muss, erfordert dies eine gute Leitung und hohe Konzentration von allen Beteiligten.
Wenn sich das Team zu einem anderen Zeitpunkt während der Woche trifft, ähnlich wie bei einem Kinderkirchhelferkreis, bedeutet dies für alle, einen zusätzlichen Termin wahrzunehmen. Dies ist zwar ein höherer Zeitaufwand, aber die Teamtreffen laufen entspannter und konzentrierter ab.

4. Feedback im Team

Es ist wichtig für ein Team, kurz zu reflektieren: Wie habe ich die letzte KU-Stunde empfunden? Was ist mir aufgefallen?
Anhand der erlebten Situation können Ehrenamtliche Ziele, Durchführung und ihr eigenes Handeln überdenken, prüfen und weiterentwickeln. Ein Konfiteam braucht den Raum des Gesprächs. Eine Feedback-Kultur braucht Zeit, um sich entwickeln zu können, dann wird es auch möglich, sich gegenseitig als Personen Rückmeldung zu geben und Feedback anzunehmen. Die Aufgabe der Teamleitung ist es, vor allem die jungen und unerfahrenen Teamer zu begleiten und ihnen immer wieder den Rücken zu stärken. Sie dürfen sich ausprobieren, Fehler machen und aus ihnen lernen und sich als Personen weiterentwickeln.

5. Team-Atmosphäre

Teamer möchten sich im eigenen Team wohlfühlen. Auch das Team unterliegt den Gesetzen einer Gruppe und macht die einzelnen Gruppenphasen durch. Von der Teambildung und ihrer Begleitung hängt oft der Erfolg des

Teammodells ab. Hier kommt der Leitung eine wichtige Rolle zu: Was können wir für die Teambildung bzw. für die Teamkultur tun, damit die Atmosphäre in unserem Team dauerhaft gut ist?
Ehrenamtliche brauchen Wertschätzung. Es ist nicht selbstverständlich, wenn sich Personen unentgeltlich für Jugendliche und Gemeinde einsetzen. Ein Dankeschön, ein kleines Geschenk, eine Karte zum Geburtstag o. Ä. sind kleine aber wichtige Zeichen der Anerkennung. Wie kommen die Teamer nicht nur in ihrer Funktion, sondern auch als »Privatpersonen« vor? Wie werden die einzelnen Personen wahrgenommen?
Die Einsetzung der Mitarbeitenden soll öffentlich geschehen, am besten in einem Gottesdienst. Das Ende der Mitarbeiterschaft kann mit einer Verabschiedung würdevoll begangen werden, ein Zertifikat wird überreicht, der ausscheidende Mitarbeitende kann selbst entscheiden, ob er es als Erinnerung oder als Bewerbungsdokument verwendet.
Der Verantwortliche muss im Blick haben, wer wann aus dem Team aussteigt. Wenn das Team gemeinsam aufhört, fängt er mit einem neuen Team wieder bei Null an, das ist sehr zeitaufwändig. Deshalb ist es wichtig, frühzeitig nach neuen Mitarbeitenden Ausschau zu halten. Evtl. lassen sich auch erfahrene Mitarbeitende gewinnen, nachfolgende Neueinsteiger zu coachen.

6. Basisschulung der jungen Konfiteamer

Wenn junge Konfiteamer neu in das Konfiteam einsteigen, ist es wichtig, dass sie eine Basisschulung erhalten. Gewisse Lerninhalte können gezielt vermittelt werden: Spiele erklären und anleiten, Kleingruppen moderieren, Methodenkenntnisse, vor Gruppen stehen und reden, Rechtsgrundlagen.
Es bietet sich an, solch eine Grundlagenschulung in Zusammenarbeit mit der Jugendarbeit auf Kirchenbezirksebene zu gestalten.
Das Gelernte wird dann in der Praxis vor Ort ausprobiert und angewandt. Die Konfiteamer gewinnen Selbstvertrauen, indem sie ihre eigenen Fähigkeiten einsetzen und ausprobieren können. Die Erfahrungen werden reflektiert und das Verhalten wenn nötig verändert. Die Begleitung der jungen Mitarbeitenden ist besonders wichtig und erfordert Zeit. Wenn sie einen ehrenamtlichen Mentor an ihrer Seite haben, dann hängt die Begleitung nicht allein am Pfarrer, an der Pfarrerin. Und dann haben auch Fragen über die Konfirmandenarbeit hinaus ihren Platz.

III. Ablaufplan der Schulungseinheit

Zeit	Nr.	Inhalt	Aktion	Material
	1.	Leistungsstile		
5 Min.	1.1	Einstieg ins Thema	Impuls	
5 Min.	1.2	Leitungsstil: Einer alleine ist für die Gruppe zuständig	Übung 1: Einer zieht die Gruppe	Abschlepp-seil (M1)
8 Min.	1.3	Leitungsstil im Team: Jeder trägt zur Problemlösung bei	Übung 2: Die Gruppe gestaltet gemeinsam »das Haus vom Nikolaus«	12 m Wollfaden
10 Min.	1.4	Unterschiede zwischen den Leitungsstilen	Reflexion	
	2.	Beteiligung von Ehrenamtlichen in der KA		
4 Min.	2.1	An welchen Stellen sind Ehrenamtliche in der KA tätig?	Einführung in die Kleingruppen	
5 Min.	2.2		Kleingruppen	Moderationskarten, Stifte
6 Min.	2.3		Präsentation der Ergebnisse, Clustern	Pinnwand
2 Min.	2.4	Was bringen EA in die KA ein, was verändert sich in der KA dadurch?	Einführung in die Kleingruppen	
10 Min.	2.5		Kleingruppen	Moderationskarten, Stifte
8 Min.	2.6	EA bringen in die KA ein …	Präsentation der Ergebnisse	Pinnwand
10 Min.		Kurz-Pause		

	3.	Begleitung von EA in der KA		
15 Min.	3.1	Die Begleitung von Ehrenamtlichen – sechs Bereiche, die wichtig sind	Minddrop (M2) vortragen, dazu die passenden Moderationskarten (M3) aufhängen	M2, Pinnwand, M3
10 Min.	3.2	Wie sieht die Begleitung von EA konkret aus? Welche Grundstruktur hat das regelmäßige Teamtreffen?	Einführung in Kleingruppenarbeit	M4, M5 für jeden
30 Min.	3.3		Kleingruppenarbeit	ein Raum pro Gruppe, Flips, Stifte
20 Min.		Pause		
12 Min.	3.4	Konkrete Begleitung der EA Grundstruktur der Teamtreffen	Präsentation der Ergebnisse im Plenum (pro Gruppe 4 Min.)	Pinnwände
	4.	Begleitung von EA in der KA – Vertiefung		
5 Min.	4.1	Ein eingespieltes Team werden	Übung: Ball im Kreis hin und her werfen, Reihenfolge einhalten	2 Tennisbälle
10 Min.	4.2	Gewinnung und Begleitung von EA, Einzelne Fragestellungen vertiefen	Einführung in Kleingruppenarbeit	
30 Min.	4.3	A. Gewinnung von EA B. Beteiligung von EA im Unterricht C. EA einbinden zur Beheimatung von Konfis in der Jugendarbeit D. EA motivieren Konfis zur Selbsttätigkeit	Kleingruppenarbeit: vier thematisch verschiedene Gruppen	Flips, Stifte, M7–M10

20 Min.	4.4	Die drei wichtigsten Erkenntnisse aus den versch. Kleingruppen sind …	Präsentation der Ergebnisse	
	5.	Abschluss der Einheit		
10 Min.	5.1	Feedback – *Was habe ich in dieser Trainingseinheit für mich erkannt?* – *Woran möchte ich arbeiten, was ist mein erster Schritt zu Hause?*	Blitzlichtrunde	
5 Min.	5.2	Anknüpfen, Zusammenfassung	Abschluss-Meditation mit dem Symbol »Wollfaden«	Kurzer Faden für jede/n

Zeitbedarf: 4 Stunden

Die Zeitangaben gehen von ca. zwölf Teilnehmenden aus, bzw. drei Kleingruppen, die präsentieren (2.3; 2.6; 3.4). Möglichkeit das Modul um eine Stunde zu kürzen: Punkt 4 weglassen.

IV. Beispiele aus dem Verlaufsplan

Zu 1.1: Einstieg

Impuls: *Unser Thema heißt heute Ehrenamtliche in der Konfirmandenarbeit begleiten. Wer mit Ehrenamtlichen arbeitet, weiß, dass dies einerseits eine große Bereicherung ist, andererseits müssen wir sie gewinnen und wollen sie schulen und gut begleiten. Ohne Zeitaufwand geht es nicht.*
Wie sieht die Bereicherung konkret aus? Was bringen EA in die KA ein? Wie können wir sie so begleiten, dass wir uns und sie zeitlich nicht überfordern? Das sind Fragen, mit denen wir uns heute beschäftigen. Etliche Erfahrungen sind vorhanden, wir wollen uns austauschen und voneinander profitieren. Und uns gegenseitig motivieren: Obwohl es mehr Zeitaufwand bedeutet, lohnt es sich für alle Beteiligten, im Team KA zu gestalten.

Zu 1.2: Einer zieht die Gruppe

(Vorbereitung: M1 ausdrucken, Abschleppseil mitbringen)
Auf dem Boden in einer Linie liegen die drei Schilder (M1): »Motivation«, »Programmpunkt 1«, »Programmpunkt 2« und ein Abschleppseil. Die Teilnehmenden stehen entlang des Seiles. Die Fortbildnerin leitet den »Konfiunterricht« mit motivierenden Sätzen ein; dabei nimmt sie ein Ende, die Teilnehmenden das andere Ende des Seiles. Sie zieht die Gruppe in Richtung des Schildes »Motivation«. Sie zieht die Teilnehmenden vom Schild »Motivation« zum Schild »Programmpunkt 1« und dann zum Schild »Programmpunkt 2«.

Impuls: *Wir machen nun eine kleine Übung. Stellt euch bitte hier entlang des Seiles auf. Wir befinden uns im Konfiunterricht; ihr seid heute brave und vor allem stumme Konfis, ich bin die Pfarrerin/der Pfarrer. Ich leite die Situation ein: »Schön, dass ihr da seid, ich habe mir mal wieder was Tolles für euch einfallen lassen.« Bitte greift das Seil und ich ziehe euch ein Stück weit zu mir in Richtung dieses Schildes »Motivation«. Bitte behaltet das Seil in euren Händen. »Ich hoffe, ihr habt viel Lust mitgebracht. Wir starten mit einem Action-Spiel …« Ich ziehe euch vom Schild »Motivation« zum Schild »Programmpunkt 1«. »Das Action-Spiel war super, jetzt habe ich für euch dieses Arbeitsblatt vorbereitet …«: Ich ziehe euch vom Schild »Programmpunkt 1« zum Schild »Programmpunkt 2«. Das könnte nun so weiter gehen. Ich ziehe euch von Programmpunkt zu Programmpunkt.*

Foto © Pascal Vinçon, Rutesheim

Kurz-Reflexion der Übung im Stehen: *Die Übung ist beendet, bleibt einfach stehen; wir machen eine kurze Reflexion. Wer hat die Gruppe geführt? Wie hat die Gruppe reagiert? Ging sie freiwillig mit? Wie schwer fiel es der Fortbilderin/dem Fortbilder zu ziehen?*

Zu 1.3: Die Gruppe gestaltet gemeinsam »das Haus vom Nikolaus«
(Vorbereitung: 12 m Wollfaden am Stück mitbringen)
Impuls: *Wir brauchen nun fünf Freiwillige. Bildet zu fünft eine Gruppe. Ihr habt einen langen Wollfaden zur Verfügung. Eure Aufgabe ist es, gemeinsam »das Haus des Nikolaus« mit dem Seil darzustellen. Bedingung: Ihr dürft nur einmal das Seil anfassen und dann nicht wieder loslassen, ihr dürft aber das Seil durch eure Hände gleiten lassen und so den Abstand zueinander verringern oder vergrößern.*

(Achtung: Die Fortbilderin/der Fortbilder soll sich beteiligen, darf aber nicht die Führung übernehmen.)

Kurz-Reflexion zur Übung im Stehen:
Wer hat die Gruppe geführt? Wie hat die Gruppe reagiert? Welche Rolle spielte die Fortbilderin/der Fortbilder?

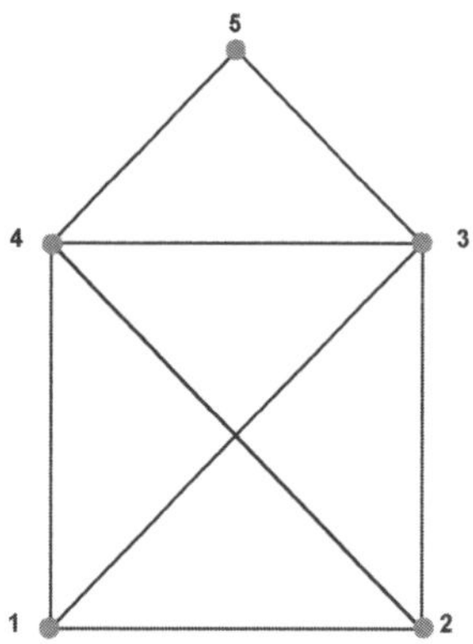

Foto © Pascal Vinçon, Rutesheim

Zu 1.4: Reflexion der Übungen (Stuhlkreis)
Reflexionsrunde: *Wir setzen uns. Wir wollen beide Übungen im Vergleich anschauen. Wie passiert Leitung in Übung 1 und wie in Übung 2?*

Weitere mögliche Fragen zur Reflexion: *Wie unterscheidet sich das Leitungsverständnis?*

Welche Situationen fallen mir aus dem Alltag des Konfiunterrichts zu welcher Übung ein?
Wie sehe ich mein Konfiteam? Bin ich eher derjenige, der alle Teamer ziehen und motivieren muss? Oder fördere ich mein Konfiteam, dass wir eher wie in Übung 2 miteinander arbeiten können?

Zu 3.1: Die Begleitung von Ehrenamtlichen
Sechs Bereiche, die in der Konfi-Teambegleitung wichtig sind
1. Jahresplanung
2. Inhaltliche Planung zu einem Unterrichtsblock
3. Regelmäßige Vorbereitung des Unterrichts
4. Feedback im Team
5. Teamatmosphäre
6. Basisschulung der Konfiteamer

Zu 3.2: Wie sieht die Beteiligung von EA konkret aus?
Einführung in die Kleingruppenarbeit:
In der Begleitung von EA sind sechs Bereiche zu berücksichtigen. Das klingt in der Theorie gut, aber wie kann dies in der Praxis wirklich Fuß fassen. Hauptamtliche haben einen vollen Terminkalender, EA auch. In den vorhandenen Kleingruppen soll diese Problematik Thema werden.
Überlegt konkret, wann und wie oft ihr welche der sechs Punkte im Jahresplan in Angriff nehmen könnt.

Zu 4.1: Ein eingespieltes Team werden
Übung: *Wir stellen uns in einen Kreis und werfen uns den Ball gegenseitig zu. A wirft zu B, B wirft zu C, C zu D. Bitte merk' dir, von wem du den Ball bekommst und an wen du ihn weiter wirfst. Wenn du den Ball weitergeworfen hast, leg deine Hände auf den Rücken. Wir starten langsam.*

Nach einer Runde hat jede/r den Ball bekommen und weitergeworfen. Das Ziel ist nun, immer die gleiche Reihenfolge einzuhalten und automatisch schneller zu werden. Wenn der Ball auf den Boden fällt, einfach weiter machen. Wenn diese Reihenfolge eingespielt ist, kann ein zweiter Ball hinzukommen, der im Abstand zum ersten Ball die gleiche Reihenfolge durchfliegt.

Reflexion: Ein Team braucht Zeit, bis es eingespielt ist. Manche Abläufe gehen nach einigen Monaten im Team wie von alleine und brauchen nicht mehr die Kraftanstrengung aus der Anfangszeit. Eine regelmäßige Teamsitzung zur inhaltlichen Vorbereitung des KU ist am Anfang zeitaufwändig. Ein Kinderkirchhelferkreis funktioniert oft auch wöchentlich, aber dauert in der Regel auch keine drei Stunden. Die Hauptamtlichen sollten sich gerade bei den regelmäßigen Treffen auf die Fahnen schreiben: Was einfach nicht geht, geht einfach nicht!

Die weiteren Arbeitsschritte sowie die vollständigen Erläuterungen zum Verlaufsplan finden sich in ausführlicher Form auf der beiliegenden CD-ROM.

V. Schlussbemerkungen

Was noch erwähnenswert ist

Das Modul bringt für den Großteil der hauptamtlichen Teilnehmenden vermutlich keine neuen fachlichen Erkenntnisse. Es geht einerseits um die Motivation, den ersten Schritt zu wagen, mit einem Konfiteam regelmäßig in der KA zu arbeiten, andererseits um eine Sensibilisierung, Ehrenamtliche ganzheitlich zu begleiten.

Setting/Rahmenbedingungen

Die Durchführung des Moduls erfordert einen Raum mit viel Platz:
- Stuhlhalbkreis mit Sicht auf Pinnwand und Flipchart
- Übungen – Stühle zur Seite stellen
- Kleingruppenarbeit findet im (Plenums-)Raum statt
- es gibt eine Phase, in der die Arbeitsgruppen jeweils einen eigenen Arbeitsraum benötigen
- für Präsentationen viel Platz an Pinnwänden

1.2 Meine Rolle als Ehrenamtliche/r – ein Kurzseminar

Karin Schlenker-Gutbrod

I. Ziele

Die Teilnehmenden sollen sich bewusst machen, warum sie Mitarbeitende werden wollen und welche Rolle sie damit einnehmen. Die Konfirmierten sollen den Unterschied zwischen Konfirmand/in und ehrenamtlich sein wahrnehmen und den Rollenwechsel bewusst vollziehen. Die Teilnehmenden setzen sich mit den Erwartungen, die an sie gestellt werden und mit den Erwartungen, die sie selbst mit der Mitarbeit verbinden, auseinander.

II. Hinführende Gedanken

Diese Trainingseinheit ist speziell für Exkonfis, die in die KA-Mitarbeit einsteigen wollen, entwickelt worden.

Immer wieder begegnet mir der Satz: »Frisch Konfirmierte sind noch zu jung, um als Ehrenamtliche in der Konfirmandenarbeit tätig zu sein.«
Es gibt andere Erfahrungen, allerdings unter bestimmten Voraussetzungen:

a) Junge Ehrenamtliche brauchen klar umrissene Aufgaben, die sie weder über- noch unterfordern.
b) Junge Ehrenamtliche müssen sich mit dem Rollenwechsel vom Exkonfi zum Ehrenamtlichen auseinandersetzen. Was verändert sich? Was wird von ihnen erwartet und was nicht? An welche Spielregeln müssen sie sich halten? Was erwarten sie von der eigenen Mitarbeit?
c) Junge Ehrenamtliche brauchen jemand, der sie begleitet, der sich Zeit nimmt, mit ihnen die Aufgaben in der KA vorzubereiten, der ihnen Feedback gibt und hilft, ihnen mit den Aufgaben in der Verantwortung zu wachsen.
d) Jeder im Konfiteam muss akzeptieren, dass junge Ehrenamtliche nicht überfordert werden dürfen, z. B. mit folgenden Aufgaben: für Nachtruhe auf der Konfifreizeit sorgen, Seelsorger sein, theologische Fragen beantworten etc.
e) Junge Ehrenamtliche bringen Schwung mit. Die KA ist bunter, abwechslungsreicher, erlebnisorientierter. Sie sind an den Lebensfragen und der

Lebenswelt der Konfis dicht dran, sie können viel besser als Erwachsene abschätzen, was wie bei den Konfis ankommt. Der didaktische Perspektivenwechsel ist leichter möglich, wenn Jugendliche die KA mit vorbereiten. Junge Ehrenamtliche sind interessante Gesprächspartner für die Konfis.

f) Die Chemie im Konfiteam muss stimmen, die jungen Ehrenamtlichen müssen sich wohl, anerkannt und wertgeschätzt fühlen.

g) Junge Ehrenamtliche können eine Brücke in die Jugendarbeit schlagen, bzw. wesentlich zum Aufbau einer Teenagerarbeit beitragen.

h) Die Mitarbeiterfindung über die Schiene »Exkonfis« gelingt in der Regel sehr gut. Der Pfarrer/die Pfarrerin hat die jungen Ehrenamtlichen als Konfis gut kennen gelernt und kann abschätzen, wer für die Mitarbeit in Frage käme. In einem persönlichen Gespräch können Anforderungen, Zweifel und Motivation geklärt werden.

i) »Der KA nachtrauernde« Konfirmierte werden gerne Teamer, sie haben Lust auf mehr KA, mehr Verantwortung und ein Sich-Erproben in der Leiterrolle. Diese Motivation ist in der Regel nicht mehr vorhanden, wenn sie ein bis zwei Jahre warten müssen, bis sie mitarbeiten dürfen.

Das optimale Konfiteam

- besteht aus jungen und älteren Ehrenamtlichen.
- besteht aus EA und Pfarrer/in, die in das Konfirmandenjahr investieren.
- besteht aus EA, die bereit sind, nach der Konfirmation mit den Konfirmierten eine weitere Wegstrecke zu gehen.
- Das Team engagiert sich gemeinsam für ein gutes Konfijahr *und* baut frühzeitig stabile Brücken in die Jugendarbeit.

III. Ablaufplan der Schulungseinheit

Zeit	Nr.	Inhalt	Aktion	Material
	1.	Hand aufs Herz: Warum will ich Mitarbeiter oder Mitarbeiterin werden?		
10 Min.	1.1	Die Klärung der Motivation	Vier-Ecken-Spiel mit Fragen	
10 Min.	1.2		Austauschrunde	

	2.	Der Rollenwechsel vom Exkonfi zum Ehrenamtlichen in der KA		
10 Min.	2.1	Einführung in die Methode Standbild bauen	Input	Flipchart
10 Min.	2.2	Mittwochs beim Konfiunterricht (ohne Ehrenamtliche)	Standbild bauen – Teil 1	
7 Min.	2.3	Auswertung der Situation	Interviews mit den Personen des Standbildes	
15 Min.	2.4	Mittwochs beim Konfiunterricht mit Ehrenamtlichen oder wie aus Exkonfis Ehrenamtliche werden	Standbild bauen – Teil 2	Flipchart
8 Min.	2.5	Auswertung der veränderten Situation	Interviews mit den Personen des Standbildes	
15 Min.		Pause		
30 Min.	3.	Meine Rolle als Ehrenamtlicher in der KA; Wie stelle ich mir einen »Traum-Ehrenamtlichen« vor? Wie stellen sich die Konfis einen »Traum-Ehrenamtlichen« vor?	Tandems bilden, einen Körperumriss zeichnen und mit Fähigkeiten beschreiben	große Papierrolle, rote und blaue Eddings
20 Min.	4.	Erwartungen an Ehrenamtliche in der KA	Fähigkeiten, Pflichten zuordnen: Ein Konfiteamer muss/kann …	Pinnwand mit Braunpapier
5 Min.	5.	Abschluss mit Segen	Kreis bilden, linke Hand auf rechte Schulter des Nachbarn, rechte Hand, offen in die Mitte	Segensgebet mitbringen

Zeitbedarf: 2 Stunden, 20 Minuten

Die Zeitangaben gehen von neun Teilnehmenden aus.

IV. Verlaufsplan

Zu 2.1 Einführung in die Methode Standbild bauen

Impuls: *Stellt euch vor, wir spielen eine Szene für einen Film, sind mitten drin und plötzlich bleiben alle wie angewurzelt stehen. Ein Standbild entsteht. Ein Standbild drückt eine Momentaufnahme aus, keinen Film, sondern eben nur einen Augenblick einer Situation.*
Es soll jetzt ein Standbild entstehen mit der Überschrift: Mittwochs im Konfiunterricht. Es gibt neun Rollen in unserem Standbild: Den Pfarrer oder die Pfarrerin, sechs Konfis, den Unterricht und einen Erbauer oder eine Erbauerin.
Der Erbauer bestimmt, wer von euch Pfarrer, wer Konfi und wer Unterricht ist. Er darf euch dann so hinstellen und »modellieren«, wie er es für richtig hält. Wer möchte der Erbauer sein?
Der Fortbilder sollte die einzelnen Rollen untereinander auf ein Flipchart in die linke Hälfte schreiben: Erbauer/in, Pfarrer/in; Konfi A, Konfi B, Konfi C, Konfi D, Konfi E, Konfi F, Unterricht.

Zu 2.2 Standbild bauen – Teil 1

Thema: Mittwochs beim Konfiunterricht (ohne Ehrenamtliche). Der Erbauer, die Erbauerin teilt den Personen ihre Rollen zu und modelliert das Standbild. Das Fortbildungsteam hilft, wenn nötig. Die Aktion sollte nicht länger als zehn Minuten dauern.

Zu 2.3 Interviews mit den Personen des Standbildes

Der Fortbilder oder die Fortbilderin interviewt nun die Personen in ihren jeweiligen Rollen und bittet sie am Ende um einen Satz, der ihre Standbildsituation treffend zusammenfasst. Beispiel:
Frage: *Lieber Unterricht, du stehst hier etwas abseits, wie geht's dir dabei?* Antwort: *Ich gehöre irgendwie gar nicht dazu, keiner achtet auf mich, ich fühle mich nicht wohl.* Frage: *Was könnte dein zusammenfassender Satz sein?* Antwort: *Keiner achtet auf mich!*
Achtung: Die Interviews dürfen nicht zu langatmig werden.

Zu 2.4 Standbild bauen – Teil 2

Thema: Mittwochs beim Konfiunterricht mit Ehrenamtlichen oder wie aus Exkonfis Ehrenamtliche werden.
Impuls: *Liebe Konfis, euer Konfijahr ist zu Ende, euer Pfarrer/eure Pfarrerin hat*

euch gefragt, wer Lust hätte beim nächsten Konfijahrgang als Ehrenamtlicher mitzuarbeiten. Zwei von euch Konfis haben sich bereit erklärt. Ihr werdet nun vom Konfi zum Ehrenamtlichen. Was verändert sich dadurch bei euch beiden? Lieber Erbauer, du sollst nun erneut ein Standbild bauen mit der Überschrift: Mittwochs im Konfiunterricht, nun hast du folgende Rollen: Eine/n Pfarrer/in, vier Konfis, zwei Ehrenamtliche, einen Unterricht.

Der Fortbilder/die Fortbilderin ergänzt die rechte Hälfte des Flipcharts:

Mittwochs beim Konfiunterricht

(Ohne Ehrenamtliche)	(mit Ehrenamtlichen)
Erbauer/in	Erbauer/in
Pfarrer/in	Pfarrer/in
Konfi A	Konfi A
Konfi B ⟶	Ehrenamtlicher
Konfi C	Konfi C
Konfi D	Konfi D
Konfi E ⟶	Ehrenamtlicher
Konfi F	Konfi F
Unterricht	Unterricht

Impuls: *Bitte geht noch mal auf eure Position des letzten Standbilds zurück, der Erbauer beginnt und nimmt die beiden Konfis, die Ehrenamtliche werden wollen, aus ihrer bisherigen Rolle raus und gibt ihnen eine neue Rolle und Position.* Der Erbauer gibt den Ehrenamtlichen ihre neue Position im Standbild. *Was verändert sich nun dadurch? Für den Unterricht, für die restlichen Konfis, für den Pfarrer/die Pfarrerin?* Der Erbauer gestaltet das Standbild weiter.

Zu 2.5 Interviews mit den Personen des Standbildes

Der Fortbilder oder die Fortbilderin interviewt nun die Personen in ihren jeweiligen Rollen und bittet sie am Ende um einen Satz, der ihre Standbildsituation treffend zusammenfasst. Beispiel:

Frage: *Lieber Ehrenamtlicher, vorhin warst du noch Konfi, jetzt bist du in einer neuen Rolle, was hat sich für dich verändert?* Antwort: *Ich bin noch nah dran an den Konfis, aber ich habe auch Kontakt zum Unterricht, der Pfarrer stärkt uns den Rücken, das macht mich sicherer!*
Frage: *Lieber Unterricht, du hast eine neue Position erhalten, was hat sich dabei für dich verändert?* Antwort: *Ich bin mit dabei. Die Ehrenamtlichen haben mich den Konfis näher gebracht; ich stehe nicht mehr im Abseits.* Frage: *Vorher hast du gesagt: Keiner achtet auf mich! Was sagst du jetzt?* Antwort: *Ich fühle mich wesentlich besser!*
Achtung: Die Interviews dürfen nicht zu langatmig werden.

Bemerkung: Falls bei diesem Trainingsmodul auch ältere Ehrenamtliche anwesend sind, bzw. Ehrenamtliche aus der Jugendarbeit, können diese beim Standbild Teil 2 als »neue Ehrenamtliche von außen« hinzukommen. Der Erbauer weist ihnen ebenfalls ihre Position im Standbild als Ehrenamtliche zu.

Die weiteren Arbeitsschritte sowie die vollständigen Erläuterungen zum Verlaufsplan finden sich in ausführlicher Form auf der beiliegenden CD-ROM.

V. Schlussbemerkungen

Was noch erwähnenswert ist

Der Erbauer, die Erbauerin des Standbilds sollte eine spontane offene Person sein, die sich nicht in zu vielen Details verliert. Das Fortbildungsteam muss darauf achten, dass die Spannung vom ersten zum zweiten Standbild erhalten bleibt. Aus diesem Grund darf die erste Sequenz nicht zu sehr in die Länge gezogen werden.

Rahmenbedingungen/Setting

Der Raum sollte so groß sein, dass man mühelos den Stuhlkreis während des Vier-Ecken-Spiels und der Standbilder zur Seite räumen kann, um genügend Platz zu haben.

Im Anschluss an dieses Modul bietet sich das Modul »Teambildung und Zusammenarbeit im Konfi-Team« an.

1.3. Feedback geben und empfangen – ein Kurzseminar

Karin Schlenker-Gutbrod

I. Ziele

- Die Teilnehmenden sollen Feedback als wertschätzende Unterstützung erfahren.
- Die Kultur des Feedbacks soll verankert werden.

Die Teilnehmenden
- kennen die Feedback-Regeln und können wertschätzende Feedbacks geben.
- können Feedbacks als hilfreich wahrnehmen und lernen Feedback zu empfangen.
- haben einen geschärften Blick für Gruppen- und Leitungsprozesse.

II. Hinführende Gedanken

Die Ziele von Feedback sind, dass die Beteiligten
- sich ihrer Verhaltensweisen bewusst werden.
- sich einschätzen lernen, wie ihr Verhalten auf andere wirkt.
- sehen, was sie bei anderen auslösen.

1. Feedback geben

Wenn ich Feedback gebe, möchte ich …
- subjektiv formulieren,
- konkret sein,
- sachlich beschreiben,
- positiv formulieren,
- konstruktiv sein.

2. Feedback annehmen

Als Empfänger von Feedback möchte ich …
- den anderen ausreden lassen,
- mich nicht rechtfertigen,

- mich bedanken,
- mich entscheiden, ob ich es annehme.

Feedback wird häufig nur als Kritik verstanden. Das ist unangenehm und daher neigen Gruppen dazu, dies zu vermeiden oder sich nur die ganz positiven Dinge zu sagen. Feedback als (auch kritische) Wertschätzung zu erfahren und zu benennen, will daher geübt sein, für diejenige Person, die ein Feedback gibt ebenso, wie für diejenige Person, die ein Feedback erhält.
Die Leitung hat darauf zu achten, dass die Zeit für ein Feedback eingeplant wird und die jeweilige Person, die ein Feedback bekommt, »geschützt« wird und sich die Teilnehmenden an die Feedback-Regeln halten.

III. Ablaufplan der Schulungseinheit

Zeit	Nr.	Inhalt	Aktion	Material
5 Min.	1.	Einführung in die Schulungseinheit und Kurzimpuls: Warum ist Feedback notwendig?	Kurzinput im Plenum	Flipchart, Stift, zwei Kreise: T1/T2, Interaktionslinien
	2.	Freie Rede/Feedback Übungen		
5 Min.	2.1	Eine freie Rede vorbereiten	Plenum: Input zur Einführung in die Partnerarbeit	
10 Min.	2.2	Eine freie Rede vorbereiten zum Thema: »*Überzeuge die Eltern, dass eine Konfirmandenfreizeit unbedingt nötig ist und warum?*«	Partnerarbeit: Die Reden werden von den Teilnehmenden zu zweit vorbereitet.	
15 Min.	2.3	Eine Rede vortragen	Plenum: Jeder Teilnehmende (TN) präsentiert seine/ihre Rede (Pro TN eine Min.).	

15 Min.	2.4	Feedback-Übung	Sitzen im Kreis: jeweils ein linker und rechter Nachbar geben einem TN ein Feedback zu seiner Rede: »*Deine Stärke sehe ich …*« »*Entwicklungsfähig ist …*«	
10 Min.	2.5	Reflexion der Feedback-Übung: Was habe ich gehört? Was war für mich hilfreich?	Austausch im Plenum	
20 Min.		Pause		
5 Min.	3.	Feedback-Regeln Allg. Einführung	Kurzinput und Darstellung der Regeln an der Pinnwand	Pinnwand/ Karten (M1)
5 Min.	3.1	Regeln für das Geben von Feedback	Kurzinput und Darstellung	Pinnwand/ Karten (M1)
5 Min.	3.2	Regeln für das Annehmen von Feedback	Kurzinput und Darstellung	Pinnwand/ Karten (M1)
			Arbeitsblatt ausgeben	Arbeitsblatt (M1) für alle
	4.	Feedback-Kultur im Konfiteam		
7 Min.	4.1	Wie kann eine »Feedback-Kultur« im Konfiteam entstehen?	Plenum: Einführung in Murmelgruppen	Karte (M2)
10 Min.	4.2	Feedback-Kultur in der KA, Ideen	Murmelgruppen zu dritt	Murmeln
10 Min.	4.3	Feedback-Kultur für ein Feedback braucht es ein Zeitbudget und einen gewissen Ablauf	Plenum: Austausch der Ergebnisse; Darstellung an der Pinnwand	

			Weiterführende Frage: Was brauchen wir, damit eine Feedback-Kultur entsteht?	
10 Min.	5.	Teamcoaching in der KA	Arbeitsblatt besprechen	Arbeitsblatt (M3)
10 Min.	6.	Abschluss der Einheit: Was nehme ich mit? Was lasse ich hier?	Feedbackübung im Plenum	Koffer, gelber Sack

Zeitbedarf: 2 Stunden, 20 Minuten

Die Zeitangaben gehen von ca. zehn Teilnehmenden aus.

IV. Beispiele aus dem Verlaufsplan

Zu 2.1: Eine freie Rede vorbereiten – Einführung

Plenum – Input zur Einführung in die Partnerarbeit: *Ich lade euch nun ein, eine freie Rede vor dieser Gruppe zu üben. Stellt euch vor, die anderen hier sind die Eltern eurer Konfirmandinnen und Konfirmanden. Sie sitzen bei einem Elternabend und gerade kam die Frage einer Mutter auf: Ist denn so ein Konfirmandenwochenende überhaupt nötig? Ihr habt folgende Aufgabe: »Überzeuge die Eltern, dass eine Konfirmandenfreizeit unbedingt nötig ist und warum.« Bildet nun Kleingruppen zu zweit oder dritt und bereitet euch auf diese Rede vor den Eltern vor. Die Rede soll ungefähr eine Minute pro Person dauern. Ihr könnt euch abwechseln oder hintereinander sprechen – das ist euch überlassen. Ihr habt nun zur Vorbereitung zehn Minuten Zeit.*

Die Leitung sollte bei der Aufgabenstellung darauf achten, dass die Teilnehmenden sich mit der »Überzeugungsarbeit« identifizieren können.

Alternative Aufgabe: *Überzeuge die Eltern, dass bei der Konfirmation Jungen keinen Anzug und Mädchen kein Kostüm tragen müssen.*

Falls die Schulungsgruppe etwas schüchtern erscheint, kann man auch die lustige Umkehraufgabe stellen: *Überzeuge die Eltern, dass bei der Konfirmation Jungen unbedingt einen schwarzen Anzug und Mädchen ein schwarzes Kostüm tragen müssen.*

Zu 2.2: Eine freie Rede vorbereiten

Partnerarbeit: Die Reden werden von den Teilnehmenden zu zweit oder dritt vorbereitet.

Zu 2.3: Die Reden werden vorgetragen

Plenum: Jeder Teilnehmende präsentiert seine/ihre Rede (pro TN ca. eine Min).

Zu 2.4: Feedback-Übung

Plenum: Die folgende Übung bezieht sich auf die vorausgegangenen Reden. Jede/r ist in der Rolle des Feedback-Gebens und des Feedback-Empfangens.
Impuls: *Wir haben die Reden gehört. Wir haben gesehen und erlebt, was und wie jeder und jede vorgetragen hat. Wir berichten uns jetzt gegenseitig, wie wir den anderen erlebt haben. Ich bitte, dass jeweils der/die linke und rechte Nachbar/in einem TN ein Feedback gibt bezüglich der Rede. Der Satz beginnt immer gleich und wir machen das reihum:*
»Deine Stärke sehe ich …« »Entwicklungsfähig ist …«

Zu 2.5: Reflexion der Feedback-Übung

Austausch im Plenum.
Impuls: *Wie war das in den unterschiedlichen Rollen des Feedback-Gebens und Feedback-Nehmens? Was fiel schwerer, was leichter? Und was bleibt davon »hängen«, d.h. was hörst du und was hörst du nicht?*

Zu 6.: Abschluss der Einheit mit einer Feedback-Übung

Impuls: *Wir kommen zum Schluss. Ich möchte euch bitten, eine Feedback-Runde zu dieser Trainingseinheit zu machen mit folgender Übung: Ich lege einen Koffer in unsere Mitte und ihr überlegt euch: Was nehme ich aus dieser Schulung mit?*
Ich lege außerdem einen gelben Sack in die Mitte und ihr überlegt euch: Was fand ich nicht so gut? Was könnte man verbessern? Was ist recyclebar?
Ich lasse euch drei Minuten Zeit zum Nachdenken – anschließend tauschen wir uns reihum aus.
(Man könnte auch fragen: *Was packe ich in den Papierkorb, bzw. Mülleimer?* Das Symbol »gelber Sack« eröffnet aber die Perspektive: Bei einer erneuten Durchführung dieser Schulung könnte man … verbessern.)

Die weiteren Arbeitsschritte sowie die vollständigen Erläuterungen zum Verlaufsplan finden sich in ausführlicher Form auf der beiliegenden CD-ROM.

V. Schlussbemerkungen

Was noch erwähnenswert ist

Jugendliche geben in der Schule im Umgang miteinander ihre Meinung oft »gnadenlos« weiter. Da spielen Rücksichtnahme und Feedback-Regeln eine untergeordnete Rolle. Sie müssen angeleitet werden in den Feedback-Regeln, den Umgang mit Feedback trainieren und eine positive Feedback-Kultur erleben. Es ist unumgänglich, dass die Inhalte der Schulungseinheit mit der Feedback-Kultur im Konfiteam vor Ort konform gehen.

Setting/Rahmenbedingungen

Ein gewisses Grundvertrauen sollte in der Schulungs-Gruppe vorhanden sein, zumindest jedoch Respekt voreinander.
Wenn sich die Gruppe noch nicht kennt, sollte man nicht mit dieser Einheit beginnen, lieber ein bis zwei andere Schulungseinheiten davor schieben.

Als Anschluss-Modul bietet sich das Modul an: »Reden und Auftreten vor Gruppen«.

Literatur

Trenn, Olaf/Witting, Christian (Hg.): Das TeamerHandbuch. Für Ehrenamtliche in der Konfirmandenarbeit, Gütersloh 2004.

1.4 Reden und Auftreten vor Konfigruppen – ein Kurzseminar

Karin Schlenker-Gutbrod

I. Ziele

- Ziel dieser Einheit ist, den ehrenamtlichen Mitarbeiterinnen und Mitarbeitern in der Konfirmandenarbeit ein kurzes, intensives Training anzubieten, um ihr Reden und Auftreten vor Gruppen weiterzuentwickeln.
- Die Teilnehmenden wenden die Feedback-Regeln an.
- Die Teilnehmenden haben sich und die anderen in einer Kurzrede in der Videoaufzeichnung gesehen und reflektiert: Wie wirke ich vor Gruppen?
- Die Teilnehmenden kennen innere und äußere Haltungen und Techniken, die förderlich sind, um vor mittelgroßen bis großen Konfirmandengruppen zu reden und aufzutreten.

II. Hinführende Gedanken

Der Fortbilder oder die Fortbilderin sollte selbst Rhetorik-Kenntnisse mitbringen, das eigene Auftreten vor Gruppen reflektiert haben und reichlich eigene Erfahrungen mit »Reden vor Gruppen« mitbringen. Die Fähigkeit, in schneller Folge spontan positive Feedbacks geben zu können, muss vorhanden sein. Nebenbei muss eine Videokamera mit Beamer flott bedient werden. Aus diesem Grund ist es ratsam, dieses Training mit zwei Fortbilder/innen zu leiten.
Der Fortbilder oder die Fortbilderin sollte die Fähigkeit, sich selbst, andere Personen und Situationen einfühlsam wahrzunehmen, das eigene Auftreten zu reflektieren und ggf. zu verändern, mitbringen und in den Teilnehmenden wecken können. Die Leitung hat darauf zu achten, dass die Zeit für das persönliche Feedback eingeplant wird und die jeweilige Person, die ein Feedback bekommt, »geschützt« wird und sich die Teilnehmenden an die Feedback-Regeln halten.
Die Teilnehmenden sollen trainiert werden, sich selbst zu leiten und sich im eigenen Leitungsverhalten zu reflektieren, Gruppen zu leiten und zu moderieren; Rückmeldungen an- und aufzunehmen, unterschiedliche Sichtweisen aufeinander zu beziehen und miteinander gemeinsame Handlungsmöglichkeiten zu erörtern.

Positives verstärken
Differenziertes Feedback zu positivem Verhalten, Kompetenzen und Stärken ist eher selten. In der Schule ist die Kompetenz, positives Feedback zu geben, oft unterentwickelt. Jemanden zu loben, ihm Anerkennung zu geben, bloß etwas Nettes zu sagen, ist verpönt und wird als »Anschleimen« gebrandmarkt. Gleichzeitig weiß jeder Mensch aus eigener Erfahrung, dass es gerade im Bereich des Verhaltens kaum einen besseren Weg gibt, als das Lernen am Erfolg. Jeder weiß, wie gut ein ehrliches, möglichst differenziertes Lob tut, das mehr als ein mühsam abgekniffenes »okay!« oder vielleicht sogar »klasse!« ist.
Der erste Schritt auf dem schwierigen Weg zu einer konstruktiven Feedback-Kultur heißt deshalb: Alle Beteiligten müssen regelrecht trainieren, Erfolge, Gelungenes, Stärken und Kompetenzen differenziert wahrzunehmen und äußern zu können.

III. Ablaufplan der Schulungseinheit

Zeit	Nr.	Inhalt	Aktion	Material
	1.	Erfahrungen austauschen		
5 Min.	1.1	Einstieg – Erfahrung der Teilnehmenden: Warum ist es oft schwierig, aufmerksam zuzuhören?	Brainstorming: TN sammeln Beispiele zur Frage, was ein Lehrer falsch machen muss, damit man ihm garantiert schwer zuhört und gern unaufmerksam ist? Alles unkommentiert in rechte Spalte schreiben.	Flipchart, Blatt in 2 Spalten einteilen, Stift
10 Min.	1.2	Folgerungen für unser Reden vor Gruppen: Aufmerksam zuhören kann man am besten, wenn …	Gespräch im Plenum: Umkehrungen sammeln in die linke Spalte (z.B. rechts »Lehrer nuschelt« -> links »deutlich sprechen«).	Flipchart von 1.1

	2.	Eine freie Rede vortragen		
3 Min.	2.1	TN sollen eine freie Rede vor einer Gruppe vorbereiten und üben.	Plenum: Input zur Einführung in die Kleingruppenarbeit	
10 Min.	2.2	TN bereiten eine freie Rede vor einer Gruppe vor.	Kleingruppen zu zweit oder dritt Impulsfrage: »Überzeuge deinen Kirchengemeinderat, dass die Konfis einen Swimmingpool im Gemeindehaus benötigen!«	DIN-A5-Karten, Stifte
Pro TN ca. 1 Min.	2.3	TN tragen eine freie Rede vor einer Gruppe vor.	Plenum: Jede/r TN präsentiert seine/ihre Rede (ohne Videokamera)	
10 Min.	2.4	Reflexion	Gespräch im Plenum: Was ist mir leicht gefallen? Was ist mir schwergefallen?	
	3.	Standing-Übungen		
7 Min.	3.1	Mein Standing: Die TN probieren durch unterschiedliche Stellungen aus: Welche Wirkung hat welches Standing auf meine Ansprache?	Übung im Plenum: In fünf unterschiedlichen Haltungen den Satz überzeugend und laut sprechen: »Die Konfis brauchen einen Swimmingpool!«	
7 Min.	3.2	Meine Hände, meine Gesten: Die TN probieren durch unterschiedliche Gestogramme aus: Welche Wirkung haben meine Gesten auf meine Ansprache?	Übung im Plenum: In unterschiedlichen Gesten den Satz überzeugend und laut sprechen: »Die Konfis brauchen eine Riesenwasserrutsche!«	Karte o. Kuli

7 Min.	3.3	Die Sprache: Die TN probieren aus, durch welche Sprechweise das Anliegen positiv vorgebracht werden kann.	Übung im Plenum: Den Satz: »Die Konfis brauchen ein Dreimeter-sprungbrett!« in unterschiedlicher Weise sprechen.	Süßigkeit oder Murmel
5 Min.	3.4	Reflexion: Welches Standing, Gestogramm und welche Sprechweise passen zu mir?	Übung im Plenum: Finde dein eigenes Stehen, dein Gestogramm, deine Sprache! Jeder (reihum) zeigt sich mit seinem eigenen Standing und Gestogramm (ohne Kommentare).	Stuhlkreis
	3.5	Alternative: den einzelnen Feedback geben (genug Zeit dafür einplanen!)	Übung wie 3.4 und zusätzlich: Anschl. Feedback geben: Eure Meinung zu meinem Standing: Was passt zu mir? Was könnte ich noch verändern?	
10 Min.		Pause		
	4.	Mein Auftreten vor Gruppen		
10 Min.	4.1	Das Reden und Auftreten vor Gruppen Übungssituationen	Input im Plenum: Einführung in die Klein-gruppenarbeit: Übungs-situationen anhand der Karten vorstellen Kleingruppenbildung: losen oder freie Gruppenbildung	Karten mit Übungs-Situationen (M1), Stifte, leere Karten
10 Min.	4.2	Übungssituation aneignen	Kleingruppenarbeit: Zeit für die TN, in der sie eine kurze Rede vorbereiten.	DIN-A5-Karten, Stifte

6 Min.	4.3	Regeln für das Filmen der Übungssituationen und das anschl. Feedback	Plenum - Feedback Regeln - Laborsituation - positive Feedbacks - Löschen der Filmaufzeichnungen	Arbeitsblätter (M2) verteilen
Pro Pers. ca. 2 Min.	4.4	Übungsrede vor der Gesamtgruppe halten: jeden MA allein (!) mit Videokamera filmen	Plenum: Fortbilder/in führt jeweils kurz in die Übungssituation ein, welche Rolle die TN innehaben (z.B. ihr seid eine Konfigruppe, die auf ihrer Wochenend-Freizeit ist). Eine Kleingruppe beginnt, indem jede/r seine/ihre Rede vor den TN im Plenum hält.	Videokamera, Kassette, Stativ, Beamer, Kabel, Leinwand oder weiße Wand
Pro Pers. ca. 2 Min.	4.5	Reflexion des eigenen Auftretens und Redens vor einer Gruppe	Plenum: Den Filmabschnitt jeder Rede gemeinsam anschauen und positive Rückmeldungen geben	
		Diese Folge »Rede filmen« dann »Reflexion« solange durchführen bis alle (!) dran waren.		
10 Min.	5.	Feedback zu dieser Trainingseinheit	Plenum: Blitzlichtrunde mit je einem Satz zur Frage: 1. Was habe ich für mich erkannt? 2. Woran möchte ich noch an mir arbeiten? Danke fürs Mitmachen, Verabschiedung und Ende	Stuhlkreis

Zeitbedarf: 3 Stunden

Die Zeitangaben gehen von ca. zehn Teilnehmenden aus.

Zu 3.1: Mein Standing

Die Teilnehmenden probieren durch unterschiedliche Stellungen aus: Welche Wirkung hat welches Standing auf mein Reden?

Impuls: *Ich lade euch nun zu einigen Übungen ein. Stellt euch bitte in einen Kreis und lasst Abstand zur Nebenperson. Wir beginnen, verschiedene Haltungen auszuprobieren. Dabei wollen wir jedes Mal folgenden Satz laut und überzeugend sprechen: »Die Konfis brauchen einen Swimmingpool!«*

a) auf einem Bein stehend
b) in der Hocke sitzend
c) überkreuzte Beine und Knie leicht angewinkelt und nicht durchgedrückt
d) hin und her gehend
e) mit beiden Beinen fest und dennoch locker auf einer Stelle geerdet stehen

Such jetzt nach der Haltung, in der du dich am wohlsten fühlst und dein Anliegen am besten vermitteln kannst.

Foto © Ralf Simondet, Perouse

Zu 3.2: Meine Hände, meine Gesten

Die Teilnehmenden probieren durch unterschiedliche Gestogramme aus: Welche Wirkung haben meine Gesten auf mein Reden?

Impuls: *Bei den nächsten Übungen wollen wir ausprobieren, wo wir am besten unsere Hände lassen und welche Wirkung unsere Gesten haben?*

In den unterschiedlichen Gesten werden wir den Satz überzeugend und laut sprechen: »Die Konfis brauchen eine Riesenwasserrutsche!«

a) Hände in Hosentaschen
b) Arme seitlich runterhängen lassen
c) verschränkte Arme vor Brust
d) Hände im Haar bzw. Haarsträhne hinters Ohr streichen (drei Mal hintereinander)
e) eine/n Karte/Kuli in den Händen halten (Hände auf Bauchhöhe)
f) Hände auf Bauchhöhe nach vorne strecken, Handflächen nach oben, einladende Geste

Suche jetzt wieder nach der Haltung, in der du dich am wohlsten fühlst und dein Anliegen am besten vermitteln kannst.

Zu 3.3: Die Sprache

Die Teilnehmenden probieren aus, durch welche Sprechweise das Anliegen positiv vorgebracht werden kann.
Impuls: *Nun geht es um unsere Sprache und dazu wollen wir den Satz: »Die Konfis brauchen ein Dreimetersprungbrett!« in unterschiedlicher Weise sprechen:*

g) zuerst leise und dann laut sprechen
h) zuerst schnell und dann langsam sprechen
i) zuerst Dialekt und dann Hochdeutsch
j) zuerst etwas in den Mund nehmen und dann ohne

Such jetzt nach einer Sprechweise, die zu dir passt und durch die du dein Anliegen gut vermitteln kannst.

Zu 4.1: Plenum: Einführung in die Kleingruppenarbeit

Impuls: *Ich stelle euch nun eine Übungssituation vor, in der du dich als Ehrenamtlicher in der Konfirmandenarbeit vielleicht mal wiederfinden wirst:*
Einladung zum Grillen:
In der letzten Konfistunde vor den Sommerferien soll ein Grillfest stattfinden. Du sollst den Konfis dies ankündigen und erklären, was sie mitbringen sollen. Wie würdest du diese Ansage formulieren? Was sagst du konkret?
Kurzes Brainstorming, was man alles sagen könnte.

Jede Kleingruppe erhält gleich zwei Situationen aus der Konfirmandenarbeit. Bildet Kleingruppen zu zweit oder dritt. Entscheidet euch für eine Situation und überlegt euch, was ihr sagen wollt. Jede/r soll seine Rede aber alleine halten.

(Es können auch eigene Beispiele gewählt werden, damit sie freier agieren.)
Kleingruppenbildung (zwei bis drei Personen).
In jede Kleingruppe werden zwei Karten der Übungssituationen (M1) und Hilfsmaterial wie z. B. Stifte und leere Karten gegeben (Vorbereitung: M1 einmal ausdrucken und zerschneiden).

Zu 4.2: Übungssituation aneignen

Jede Kleingruppe entscheidet sich zwischen zwei Übungssituationen. Anschließend bereiten die Teilnehmenden gemeinsam jeweils eine kurze Rede aufgrund ihrer ausgewählten Übungssituation vor. Die Rede soll allein gehalten werden.

Zu 4.3: Regeln für das Filmen der Übungssituationen und das anschl. Feedback

(Vorbereitung: Arbeitsblatt M2 »Feedback-Regeln« für alle kopieren)
Impuls: *Ich möchte euch an die Feedback-Regeln erinnern und euch das Arbeitsblatt aus der Schulungseinheit: »Feedback geben und nehmen« noch einmal austeilen.* (Regeln laut vorlesen lassen.) *Wir haben hier einen geschützten Rahmen zum Ausprobieren. Nutzt dieses Geschütztsein aus, um zu sehen, wie ihr auf andere wirkt und zu lernen, wie ihr euer Auftreten noch verbessern könnt. Wir geben uns hier verstärkt positives Feedback, niemand wird zerrissen oder mit vermeintlich guten Ratschlägen überhäuft. Wir haben eine Laborsituation: Wenn ihr vor den Konfis steht, würdet ihr eure Rede vermutlich noch mal anders halten. Das ist jedem hier bewusst, aber ausprobieren wollen wir die Reden dennoch. Die Filmaufzeichnungen werden hinterher gelöscht.*

Zu 4.4: Übungsrede vor der Gesamtgruppe halten

Eine Kleingruppe beginnt, indem jede/r seine/ihre Rede vor der Gesamtgruppe hält. Der/die Fortbilder/in führt davor jeweils kurz ein, welche Rolle die Zuhörenden innehaben (z. B. anhand der obigen Beispiele: *Ihr seid Mitglieder einer Konfirmandengruppe, die auf der Wochenend-Freizeit ist, oder: Ihr seid Mitglieder eines Kirchengemeinderats*).

Der Erste beginnt, hält seine Rede und wird dabei gefilmt. Alle werden hintereinander gefilmt (ohne große Pause). Je nach Vorkenntnissen kann man kleine Erschwernisse einbauen, indem man der Gesamtgruppe aufgibt, sie sollte die Rede etwas stören (z. B. Seitengespräche halten, reinquatschen …). Achtung: Das muss erfahrungsgemäß sehr dezent passieren. Sonst gleiten die Störungen sehr schnell ab in einen Wettbewerb, welcher TN am raffiniertesten den Redner ärgert.

Zu 4.5: Reflexion des eigenen Auftretens und Redens vor einer Gruppe

- Jede Rede als Filmausschnitt gemeinsam anschauen.
- Vor allem positive Rückmeldungen geben.
- Bei der Reflexion auf Feedback-Regeln achten.
- Als Leitungsteam auf Details hinweisen, die die Trainingsteilnehmenden in ihrem Auftreten selbstverständlich richtig machen.
- Standbild des Films wirkt sehr gut, um Gesten, Haltung oder Reaktionen zu zeigen.

Die weiteren Arbeitsschritte sowie die vollständigen Erläuterungen zum Verlaufsplan finden sich in ausführlicher Form auf der beiliegenden CD-ROM.

V. Schlussbemerkungen

Was noch erwähnenswert ist

Jugendliche sind sich oft über ihre Wirkung auf die Zuhörer und Zuhörerinnen nicht im Klaren.
Deshalb sollten in der Fortbildung von jüngeren Ehrenamtlichen in der Konfirmandenarbeit nicht nur Grundkenntnisse (Spielpädagogik, Kleingruppen anleiten usw.) vermittelt werden, sondern an und mit der Person gearbeitet werden.

Erfahrungen mit diesem Modul in der Praxis:
Es kann anfangs eine leichte Abwehrhaltung gegen das Filmen geben. Mit den entsprechenden Regeln (s. o.) lassen sich aber alle darauf ein, gerade auch die Stilleren oder Schüchternen. Hinterher ist die von den Teilnehmenden des Trainings geäußerte Zufriedenheit enorm hoch. Sie sehen sich oft zum ersten Mal selbst live vor der Kamera, sie beobachten ihre eigenen Stärken und Schwächen, sie erhalten ein behutsames und stärkendes Feedback, das ihnen Mut macht, das eigene Auftreten vor Gruppen noch mehr auszuprobieren. Die Teilnehmenden erleben dieses ganzheitliche Lernen sehr positiv.

Setting/Rahmenbedingungen
Ein gewisses Grundvertrauen sollte in der Schulungs-Gruppe vorhanden sein, zumindest jedoch Respekt voreinander.
Wenn sich die Gruppe noch nicht kennt, sollte man nicht mit dieser Einheit beginnen, lieber ein bis zwei andere Schulungseinheiten davor schieben.
Als Vorbereitung bietet sich das Modul an: »Feedback geben und empfangen«.
Der Raum sollte genügend Platz bieten und die Möglichkeit, die Videoaufnahmen zu zeigen. Es ist eine Videokamera mit Anschluss an ein Fernsehgerät oder einen Beamer nötig.

Literatur
www.guterunterricht.de

1.5 Teambildung und Zusammenarbeit im Konfiteam – ein Kurzseminar

Karin Schlenker-Gutbrod

I. Ziele

Durch zwei Übungen sollen die Teilnehmenden erleben, wo ihre Gaben, Eigenschaften und Fähigkeiten in einem Team liegen. Sie sollen erkennen, welche Aufgaben ein Konfiteam hat, und ihre persönlichen Gaben, Eigenschaften und Fähigkeiten den Aufgaben im Konfiteam zuordnen.

II. Hinführende Gedanken

T – alentschuppen: Einer kann alles oder alle können einiges?
E – hrenamtliche: Disziplinierungshelfer für Hauptamtliche oder kompetente Partner?
A – rbeitsteilung: Unorganisiertes Chaos oder wechselseitige Unterstützung?
M – iteinander: Delegation oder Kooperation? Entlastung oder Engagement?

Was bringen Ehrenamtliche in die KA ein:

- Die Konfirmandenarbeit wird abwechslungsreicher und macht mehr Spaß.
- Konfirmandinnen und Konfirmanden brauchen v. a. personale Gegenüber; die Stoffvermittlung steht für sie meist an zweiter Stelle. Für die Konfis gibt es weitere Bezugspersonen als den Pfarrer oder die Pfarrerin. Kirche und Glauben sind auch noch mit anderen Personen identifizierbar.
- Viele Organisations- und Arbeitsformen werden erst durch ein Team möglich (betreute Kleingruppenarbeit, Lernstraßen, Erkundungsspiele, Planspiele etc.).
- Die Ehrenamtlichen haben Brückenfunktion:
  Sie sind altersmäßig und vom Lebensstil her »näher dran« an den Konfis als die Hauptamtlichen es sein können.
  Sie können wesentlich besser einschätzen, was bei den Konfis wie ankommt.
- Die zeitliche Investition, die eine KA im Team zunächst bedeutet, zahlt sich später aus durch eine höhere Zufriedenheit aller Beteiligten und bringt im Ergebnis meist auch eine Entlastung der Pfarrerin, des Pfarrers.

- Die Mitarbeitergewinnung ist meist nur am Anfang schwierig, später gelingt sie fast von allein.
- Verknüpfung mit der Jugendarbeit wird möglich. Es entstehen Beziehungen, die über die Konfirmandenzeit hinausreichen. Das optimale Konfiteam besteht aus Ehrenamtlichen, die die Konfis über die Konfirmation weiter begleiten und aus Ehrenamtlichen, die wieder im neuen Konfirmandenjahrgang einsteigen.
- Qualifizierung und geistliches Wachstum der Konfiteamer. Junge Teamer sind in ein Team eingebunden, werden begleitet, erleben eine Feedback-Kultur und können sich so ihren Gaben entsprechend weiterentwickeln. Sie setzen sich in der KA mit christlichen Inhalten auseinander und gewinnen einen eigenen Standpunkt.

Junge Ehrenamtliche brauchen Begleitung, sie dürfen weder unter- noch überfordert werden. Sie sollten ihre Stärken, Interessen und Begabung einbringen können. Sie wollen sich in einem Team wohlfühlen, die Arbeit muss Spaß machen. Ihre eigenen Fragen zu Lebensthemen und christlichen Inhalten sollten immer wieder Platz in den Teamsitzungen finden. Eine wesentliche Aufgabe der Teambesprechungen wird es auch sein, die Ehrenamtlichen zu stärken, um mit Konflikten und Störungen in der KA umzugehen und Enttäuschungen auffangen zu können. Eine Feedback-Kultur spricht Fehler an, knüpft aber vor allem an ihre positiven Stärken an und motiviert sie, sich weiterzuentwickeln. Es ist wichtig, dass sie ihre Pflichten kennen und sich an die Team-Regeln halten, vor allem aber sollten sie in der Lage sein, sich auf die jugendlichen Konfis einzustellen.

Foto © bei der Autorin

III. Ablaufplan der Schulungseinheit

Zeit	TOP	Inhalt	Aktion	Material
	1.	Zusammenarbeit im Team		
5 Min.	1.1	Einführung in die Einheit »Zusammenarbeit im Team« und in die Übung »Decke umdrehen«	Plenum	
10 Min.	1.2	Wer übernimmt im Team welche Aufgabe/Rolle? Wie klappt die Zusammenarbeit?	Übung A »Decke umdrehen«	Decke ca. 1,80 m x 1,20 m
5 Min.	1.3	Kurze Auswertung: Was ist mir bei der Übung aufgefallen?	Plenum Einzelne Statements der Teilnehmenden	
	2.	Rollen im Team		
2 Min.	2.1	Welche Rolle übernehme ich in einem Team?	Einführung in die nächste Übung B: *Stellt als Gruppe gemeinsam ein Auto dar. Jeder soll das Einzelteil darstellen, das am besten zu ihm/ihr passt. Berücksichtigt dabei euer Verhalten in der Übung »Decke umdrehen«.*	
10 bis 20 Min.	2.2	Wer hat welche Rolle übernommen? Wer hat welche Eigenschaften und Fähigkeiten?	Übung B »Auto«.	Max. 10 Pers.
10 Min.	3.	Reflexion der eigenen Rolle in einem Team	Interviews mit den Personen, die die »Autoteile« darstellen: *Welches Teil des Autos hast du für dich gewählt und warum?*	

2 Min.	4.1	Als Team zusammen wirken und arbeiten	Einführung in die Kleingruppenarbeit	M1
15 Min.	4.2	Welche Eigenschaften und Fähigkeiten bringen wir ins Team ein? Welche Aufgaben gibt es in einem Konfiteam?	Kleingruppenarbeit	Gelbe und grüne Moderationskarten und Stifte
10 Min.	4.3	Als Team zusammen wirken und arbeiten	Präsentation der Kleingruppenergebnisse, Zusammenfassung im Plenum	Pinnwand
		Pause		
15 Min.	5	Team-Regeln	Brainstorming	Flip und Stift
2 Min.	6.1	Abschluss der Einheit »Zusammenarbeit im Team«	Einführung in die Übung C »Decke falten«	
10 Min.	6.2	Als Team zusammen wirken und arbeiten	Übung C: »Decke falten«	
10 Min.	6.3.	Wie zufrieden bin ich mit der Gruppenleistung und mit meinem Beitrag?	Auswertung der Übung: Blitzlichtrunde	
5 Min.	6.4	Abschluss		
		Mögliches ENDE hier		

Zeitbedarf bisher: 2 Stunden

Oder Weiterarbeit nach Punkt 5 mit folgenden Themen:

	7.	Leitungsstile		
10 Min.	7.1	Leitungsstile und Perspektivenwechsel: Das Konfiteam und die Konfis: Wie ist unser Leitungsver-	Plenum: Rückbesinnung auf Teamübung B »Auto«: *Wenn wir als Team nun das Auto bilden, welchen*	

		ständnis und das Verständnis der Kooperation? Wie ist unser Verhältnis zueinander?	*Platz nehmen jetzt die Konfis ein?* *1. Sind wir wie Fahrlehrer, die den Konfis helfen, selbst fahren zu lernen?* *2. Sind wir das Auto und die Konfis sitzen hinten im Anhänger (d. h. das Team muss die Konfis ziehen!)?* *3. Bilden wir mit den Konfis zusammen ein gemeinsames Auto?* Kurzdiskussion	
5 Min.	7.2	Die drei Leitungsstile vorstellen	Kurzreferat	M2
2 Min.	7.3	Wann sollte der Konfiteamer wie reagieren?	Einführung in die Kleingruppenarbeit	
15 Min.	7.4	Situationen aus der KA den Leitungsstilen zuordnen	Kleingruppenarbeit: Die Situationen aus dem TeamerHandBuch S. 28 zu dritt bearbeiten	Jede/r hat eigenes Teamer Handbuch dabei
10 Min.	7.5	Welche Situationen konnten nicht eindeutig einem Leitungsstil zugeordnet werden?	Plenum: offene Fragen aus der Gruppenarbeit diskutieren	
22 Min.	8.	Als Team zusammen wirken und arbeiten, s. o. 6.1 bis 6.3	Übung »Decke falten« s. o.	
5 Min.	8.1	Abschluss		

Zeitbedarf insgesamt: 2 Stunden, 50 Minuten

Zu 1.1: Teamübung A »Decke umdrehen«

Impuls: *Die erste Aufgabe lautet: Ihr steht als Team gemeinsam auf dieser Decke und eure Aufgabe ist es, diese Decke komplett zu wenden, so dass die jetzt sichtbare Seite nach unten zeigt. Während dieser Aktion darf niemand den Boden berühren. Hilfsmittel sind nicht erlaubt. Ausgeschlossen ist auch, dass jemand auf die Schulter des anderen steigt.*

Zu 1.2: Übung A durchführen

Foto © bei der Autorin

Zu 1.3: Kurze Auswertung

Wenn die Übung abgeschlossen ist, gibt es keine ausführliche Auswertung zu Teamübung A, weil Teamübung B die Auswertung von Übung A ist. Aber um den Teilnehmenden eine kurze Reflexion von Erfahrungen zu ermöglichen, wird die Frage in den Raum gestellt: *Was ist mir bei der Übung aufgefallen?*

Zu 2.1: Teamübung B »Auto«

Impuls: *Ihr habt die Übung »Decke umdrehen« hervorragend gemeistert. Überlegt mal, wer von euch was zur Lösung der Übung beigesteuert hat. Jeder hat in diesem Team eine Rolle übernommen. Ihr sollt nun als Team gemeinsam ein Auto bzw. dessen einzelne Teile darstellen. Da gibt es einen Motor, einen Lenker,*

Räder, es gibt ausgleichende Teile beim Auto, es gibt den Rahmen, der das Auto zusammenhält; es gibt eine Bremse, die vor Schlimmerem bewahrt; es gibt ganz viele Kleinteile, ohne die das Auto nicht vorwärts kommt. Überlegt euch mal gemeinsam, wer von eurem Team am besten zu welchem Autoteil passt, und versucht dieses Teil darzustellen.

Zu 3: Kurz-Interview mit den Personen, die die einzelnen Autoteile darstellen
Welches Teil des Autos hast du für dich gewählt und warum? Oder: *Du bist das Lenkrad, wie ist es dir mit der Lenkung dieses Autos ergangen?*

Zu 4.: Als Team zusammenarbeiten
(Vorbereitung: M1 ausdrucken)
Die Eigenschaften und Fähigkeiten, die bei den einzelnen Teammitgliedern vorhanden sind, sollen mit den Aufgaben im Konfiteam korrespondieren.

Zu 4.1: Plenum, Stuhlkreis
Impuls: *Damit so ein Auto funktioniert, ist es wichtig, nicht fünf Lenker auf einmal zu haben, aber nur zwei Räder oder vier Bremsen und keinen Motor. Bei einem Auto klingt das relativ selbstverständlich. Aber wie ist es bei einem Team von Menschen.*
Welche Eigenschaften, welche Fähigkeiten sind in eurem Team vorhanden?
Welche Aufgaben müssen im Konfiteam übernommen werden (M1 aufhängen)?
Überlege mit den anderen gemeinsam, welche Aufgaben im Konfiteam übernommen werden müssen und welche eurer jeweiligen Eigenschaften oder Fähigkeiten (Gitarre spielen, Kochen) dazu passen könnten.
Schreibt die Eigenschaften und Fähigkeiten auf gelbe Karten und die Aufgaben auf grüne Karten und legt dann die passenden Karten zusammen. Bildet Kleingruppen mit vier Leuten. Ihr habt 15 Minuten Zeit.
(Vgl. auch: Was mir liegt? S. 16 + 17 in: Trenn, Olaf/Witting, Christian: Das TeamerHandBuch. Für Ehrenamtliche in der Konfirmandenarbeit, Gütersloh 2005.)

Die weiteren Arbeitsschritte sowie die vollständigen Erläuterungen zum Verlaufsplan finden sich in ausführlicher Form auf der beiliegenden CD-ROM.

V. Schlussbemerkungen

Was noch erwähnenswert ist

Durch die Übungen macht dieses Modul sehr viel Spaß. Es ist allerdings wichtig, die Übungen gut auszuwerten.

Setting/Rahmenbedingungen

Dieses Modul kann in einer vom Biorhythmus her leistungsärmeren Zeit (z. B. nach dem Mittagessen) durchgeführt werden.
Der Raum sollte nicht zu klein sein: Bei den Übungen werden keine Stühle, aber viel freier Platz benötigt. Ansonsten Stuhlkreis, wenn Arbeit im Plenum dran ist.
Kleingruppenarbeit am Tisch in einer Ecke oder im kleinen Stuhlkreis in einer Ecke.

Literatur

Trenn, Olaf/Witting, Christian (Hg.): Das TeamerHandBuch. Für Ehrenamtliche in der Konfirmandenarbeit, Gütersloh 2005.

Heckmair, Bernd: Konstruktiv lernen. Projekte und Szenarien für erlebnisintensive Seminare und Workshops, Weinheim und Basel 2000.

1.6 Mit den Konfis durchstarten in die Jugendarbeit – ein Tagesseminar

Karin Schlenker-Gutbrod

- Mit den Konfirmandinnen und Konfirmanden zusammen planen, wie es nach der Konfirmation weitergehen könnte.
- Wie durch die Konfirmandenarbeit eine nachhaltige Teenagerarbeit entsteht.
- Die vorhandene Jugendarbeit mit der Konfirmandenarbeit verknüpfen.

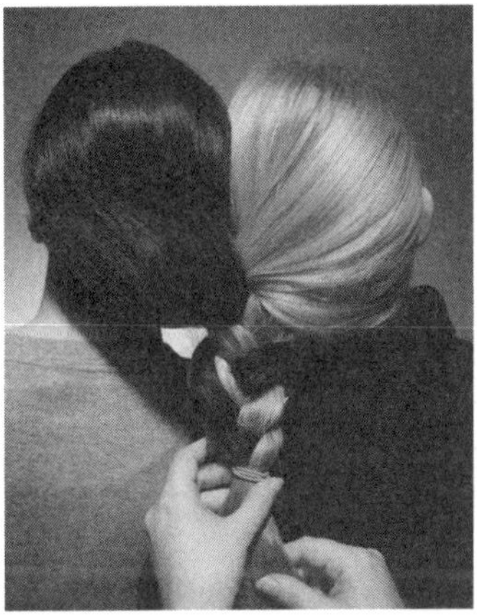

Foto © Evang. Jugendwerk in Württemberg

Foto: © Pascal Vinçon, Rutesheim

I. Ziele

Die Teilnehmenden reflektieren die eigenen Erfahrungen in der Verknüpfung von Konfirmanden- und Jugendarbeit (KA-JA).
Sie setzen sich damit auseinander, wie sich die Jugendarbeit im Konfirmandenjahr engagieren kann, damit einerseits die Konfirmandenarbeit bereichert wird, andererseits aber auch nachhaltige Brücken in die Jugendarbeit gebaut werden. Sie lernen Praxismodelle kennen, wie durch die Konfirmandenarbeit eine nachhaltige Teenagerarbeit entsteht.
Die Teilnehmenden werden befähigt, vor Ort mit den Konfis zusammen zu planen, wie es nach der Konfirmation weitergehen könnte. Die Entwicklung dieser Ideen erfolgt durch die Methode World Café, die Umsetzung der Ideen durch sog. Aktionsgruppen. Diese Methoden werden beispielhaft durchge-

führt, so dass die Teilnehmenden diese vor Ort einsetzen können. So werden die Teilnehmenden motiviert, einen Prozess mit den Konfirmandinnen und Konfirmanden vor Ort in Gang zu setzen.

II. Hinführende Gedanken

In den letzten Jahren wurden viele unterschiedliche Modelle ausprobiert, in denen Konfirmanden- und Jugendarbeit enger zusammenwirken. Ehrenamtliche aus der Jugendarbeit sind auch bei den Konfifreizeiten, bei Konfitagen und Projekten aktiv. Immer öfters gestalten Ehrenamtliche mit dem Pfarrer, der Pfarrerin den Konfirmandenunterricht mittwochs oder am Wochenende. Im Team werden die Konfis angeleitet, Gemeindegottesdienste mitzugestalten. Zahlreiche Höhepunkte wurden erfunden: Konfibrunch, KonfiCup, Konfi Live, KonfiClub.

Einzelne Arbeitsbereiche in und Personen aus der Kirchengemeinde lernen sich beim Gemeindepraktikum und bei Mentorenprojekten kennen.

Auf überregionaler Ebene wurden zahlreiche KonfiCamps zu einem großartigen Erlebnis nicht nur für die Jugendlichen, sondern auch für viele Ehren- und Hauptamtliche aus den verschiedenen Kirchengemeinden.

Und letztendlich ist es selbstverständlich geworden, dass Jugendmitarbeitende die Konfirmation mitgestalten.

Und danach? Wo und wann sieht man die Konfirmierten wieder? Zugegeben: Manche Konfirmandinnen und Konfirmanden brauchen erst mal Abstand zur Kirche, aber manche würden ja gerne danach bleiben und irgendwie weitermachen, aber entweder gibt es vor Ort keine Teenagerarbeit mehr oder sie ist nicht besonders attraktiv.

In diesem Trainingsmodul wird die Verknüpfung von Konfirmanden- und Jugendarbeit vielfältig beleuchtet. Dabei stehen zwei Ziele im Vordergrund.

1. Konfirmanden- und Jugendarbeit trägt dazu bei, dass die Konfirmandinnen und Konfirmanden ein positives Bild von Kirche und Glauben gewinnen.
2. Konfirmanden- und Jugendarbeit schafft Rahmenbedingungen, damit die Jugendlichen zuerst als Konfirmanden und dann als Konfirmierte nachhaltig Heimat finden in der Jugendarbeit.

Für beide Ziele werden in der Präsentation (M4) Praxisbeispiele veranschaulicht. Zum einen, wie eine ganzheitliche Konfirmandenarbeit gelingen kann; zum anderen, wie Brücken in die Jugend- und Gemeindearbeit so frühzeitig gebaut werden, dass die Jugendlichen gerne die Konfirmanden- und Jugendarbeit als Lebensraum für sich entdecken und aktiv mitgestalten.
Egal ob es eine florierende Teenagerarbeit in der Kirchengemeinde gibt oder nicht; es werden Beispiele aufgezeigt, wie man im Konfirmandenjahr so anknüpfen kann, dass tragfähige Brücken über die Konfirmation hinaus in die Jugendarbeit entstehen.
Dabei ist es unerlässlich, mit den Konfis zusammen zu überlegen und zu planen, wie sie sich eine Jugendarbeit vorstellen, in der sie gerne aktiv dabei sind. Zur Umsetzung beider Ziele sind beide Arbeitsbereiche und deren Verantwortliche gefordert, damit es gelingt, die Jugendlichen zuerst als Konfirmanden, dann als Konfirmierte auf ihrem Weg des Glaubens und Lebens ernst zu nehmen, zu begleiten, zu fordern und fördern. Und die Rahmenbedingungen zu schaffen, dass dies möglich wird.

III. Ablaufplan der Schulungseinheit

Das Modul geht von 16 Teilnehmenden aus.

Vormittag	– Eigene Erfahrungen mit der Verknüpfung von KA-JA – Impulspräsentation: mit Konfirmandinnen und Konfirmanden in die Jugendarbeit durchstarten
Nachmittag	– Mit den Konfis zusammen die Verknüpfung planen – ein World Café durchführen – Aktionsgruppen starten

III Ablaufplan A: Der Vormittag

Zeit	Nr	Inhalt	Aktion	Material
5 Min.	1.	Einstieg in die Einheit	Themenübersicht aufhängen	M1
	2.	Eigene Erfahrungen mit der Verknüpfung von KA-JA		
12 Min.	2.1	Konfirmanden- und Jugendarbeit – Wie gelingt der Übergang und die Zusammenarbeit?	Übung: TN stehen in zwei Feldern KA–JA; JA möchte, dass Konfis über die Linie kommen. Was tut ihr?	Kreppband, Hilfsmittel: Tau, M2, Ball, Süßigkeiten
5 Min.	2.2	Impulsfrage: Welche Initiative haben die Ehrenamtlichen in der Übung ergriffen?	Einführung in die Reflexion der Übung	
10 Min.	2.3	Konfirmanden- und Jugendarbeit – Wie gelingt der Übergang und die Zusammenarbeit?	Reflexion an vier Tischen zu viert; Ergebnisse als Stichworte auf drei Karten festhalten.	Vier Tische, Moderations-karten, Stifte
3 Min.	2.4	Weitere Impulsfrage für die Kleingruppen: Was macht bei euch vor Ort die Jugendarbeit im Konfirmandenjahr und wie gelingt die Verknüpfung? Eigene Erfahrungen	Weitere Impulsfrage stellen	
15 Min.	2.5	Beispiele aus der Praxis zur Verknüpfung von KA-JA. Austausch unter den Teilnehmenden	Weiterarbeit in den Vierergruppen, Ergebnisse in Stichworten auf Karten festhalten.	
10 Min.	2.6	Unterschied bewusst machen zwischen Ziel 1: Die Konfirmanden- und die Jugendarbeit engagieren sich, dass das Konfirmandenjahr	Plenum: Kurzer Input, anschl. Präsentation aus den Kleingruppen: Moderationskarten den beiden Zielen	M3, Pinnwand und Pinns

		ein Highlight wird. Ziel 2: Die Konfirmanden- und die Jugendarbeit eröffnen Räume, dass etliche Konfis nach der Konfirmation gerne im Lebensraum Jugendarbeit bleiben.	zuordnen und auf Pinnwand hängen.	
15 Min.		Pause		
	3.	Die Verknüpfung von Konfirmanden- und Jugendarbeit		
15 Min.	3.1	Die Verknüpfung von Konfirmanden- und Jugendarbeit	Impulsreferat mit PP-Präsentation (M4) Teil 1; Folien 1–28	Beamer, Laptop, Verlängerungskabel, Tisch, M4 Datei von CD-ROM: »M4_Verknuepfen_KA_JA_Praesentation.ppt«
15 Min.	3.2	Rückfragerunde zur Präsentation Reflexion: Die Jugendarbeit will Ziel 2 erreichen, führt aber Aktivitäten zu Ziel 1 durch.	These (M5) aufhängen, Diskussion im Plenum	M5
20 Min.	3.3	Die Verknüpfung von Konfirmanden- und Jugendarbeit Praxisbeispiele (vorrangig zu Ziel 2) Abschluss: Folie 54: eigener Weg vor Ort finden	Impulsreferat mit PP-Präsentation (M4), Teil 2; Folien 29–54	Siehe 3.1
15 Min.	3.4	Rückfragerunde zur Präsentation Planung einer beispielhaften Idee: Wie könnte unser Weg vor Ort aussehen?	Plenum, Anschl. Planungsrunde an den vier Tischen	M6 für jede/n

Zeitbedarf: 2 Stunden, 20 Minuten

Zu 2.1: Konfirmanden- und Jugendarbeit – Wie gelingt der Übergang und die Zusammenarbeit?

(Vorbereitung: M2 ausdrucken, Material bereitlegen)

Impuls: *Wir fangen mit einer kleinen Übung an, die ihr in der Konfiarbeit einsetzen könnt, um die Namen kennen zu lernen. Bitte bildet hier vorne mal eine Schlange, nach dem Alphabet eurer Vornamen. Stellt euch hintereinander auf; A steht vorne, Z ganz hinten.*

Übung: Der Fortbilder/die Fortbilderin trennt die Schlange nach der zwölften Person, d.h. zwölf stehen links und die restlichen vier rechts. Eine Tesa-Krepp-Linie wird dazwischen auf den Boden geklebt. Auf der linken Seite stehen zwölf Konfirmandinnen und Konfirmanden im KA-Feld, auf der rechten Seite stehen vier Ehrenamtliche im JA-Feld.
Die JA überlegt sich nun Maßnahmen, wie sie es schafft, dass etliche Konfis über die Linie ins Feld der Jugendarbeit rüberkommen. Es liegen Hilfsmittel auf der Seite, die benutzt werden können (Ein Tau, um die Konfis rüberzuziehen; ein Blatt mit der Aufschrift »Einladung«; ein Blatt mit der Aufschrift »wir sind toll«, ein paar Süßigkeiten, ein Ball etc.).

Impuls: *Ich trenne euch in zwei Gruppen, zwölf von euch sind Konfis und im Feld der KA (Konfirmandenarbeit), vier von euch sind Ehrenamtliche und im Feld der JA (Jugendarbeit); was müssen die vier Leute der JA tun, damit die Konfis auf die andere Seite kommen? Ich lege euch ein paar Hilfsmittel hin und ihr probiert mal verschiedene Variationen aus. Ihr Konfis überlegt euch dabei, ob euch das Angebot gefällt, ob ihr mitkommt oder wie ihr euch verhaltet.*

Zu 2.2: Einführung in die Reflexion der Übung

Impuls: *Welche Initiative haben die Ehrenamtlichen in der Übung ergriffen? Bitte geht zu viert an einen der vier runden Tische und reflektiert dann das Verhalten der Ehrenamtlichen und der Konfis. Was hat euch überzeugt? Schreibt drei Erkenntnisse als Stichworte auf drei Moderationskarten.*

Kleingruppen Impulsfrage: *Was macht bei euch vor Ort die Jugendarbeit im Konfirmandenjahr und wie gelingen die Verknüpfung und der Übergang nach der Konfirmation? Tauscht eure Erfahrungen aus.*

Zu 3: Die Verknüpfung von Konfirmanden- und Jugendarbeit

Das Fortbildungsteam macht den Unterschied zwischen Ziel 1 und 2 deutlich bewusst:

Ziel 1: Die Konfirmanden- und die Jugendarbeit engagiert sich, dass das Konfirmandenjahr ein Highlight wird.

Ziel 2: Die Konfirmanden- und die Jugendarbeit eröffnet Räume, dass etliche Konfis nach der Konfirmation gerne im Lebensraum Jugendarbeit bleiben und nachhaltig beheimatet werden.

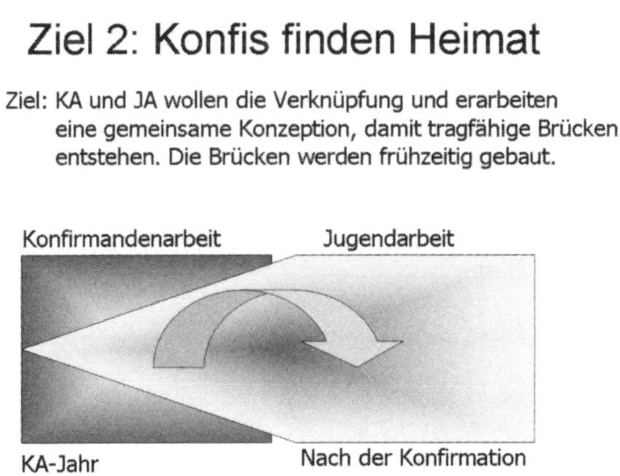

Grafiken © bei der Autorin

III. Ablaufplan B – Der Nachmittag

Zeit	Nr	Inhalt	Aktion	Material
10 Min.	4.	Mit den Konfis in die Jugendarbeit durchstarten. Einführung in einen Konfitag-Ablauf mit dem Ziel der Verknüpfung KA-JA a) Workshops, um sich auszuprobieren b) World Café, um Ideen für die Zukunft zu entwickeln c) Aktionsgruppen, um Ideen für die Zukunft zu konkretisieren	Input im Plenum	Programm Konfitag (M7) verteilen
	5.	Wie Ehrenamtliche mit Konfis Schritte über die Konfirmation hinaus planen oder: Die nachhaltige Beheimatung von Konfis in der Jugendarbeit auf den Weg bringen	Methode: World Café	M8
8 Min.	5.1	Rollenverteilung zum World Café: Am Eingang zum World Café erhält jede/r eine Rolle als Konfirmand/in oder als Ehrenamtliche/r (EA). Hinweis: alle sind freiwillig da und positiv eingestellt (Kein Konfliktmanagement!)	Rollenverteilung: zwölf sind Konfis; vier sind Ehrenamtliche. An jedem Tisch: ein EA, drei Konfis	Namens-schilder vorbereiten
10 Min.	5.2	Einführung in die Methode World Café	Input	
20 Min.	5.3	Ideen zu folgender Frage entwickeln: Wie müsste die Jugendarbeit aussehen, dass du Lust hättest, einzusteigen,	Durchführung der Methode World Café: World Café Runde 1: Ideen zur Impulsfrage	M9 vier Mal kopieren

		dass du dich wohl fühlst und gerne da bist, dich aktiv einbringst?	entwickeln	
15 Min.	5.4	Sich im Lebensraum Jugendarbeit aktiv einbringen: Ideenaustausch, Weiterentwicklung	World Café Runde 2: Wechsel zw. den Gruppen, zwei Gastgeber bleiben am Tisch und stellen den Neuen ihr Gruppenergebnis vor. Organisierten Wechsel durchführen.	M10 + M11 vier Mal kopieren
20 Min.	5.5	Die Jugendarbeit als eigenen Lebensraum gestalten. Einigung auf zwei Ideen	World Café Runde 3: Wechsel in die Gruppen von Runde 1, Kurze Diskussion, Einigung auf zwei Erkenntnisse und Dokumentation auf Moderationskarten	M12 vier Mal kopieren, Moderationskarten für Tische
12 Min.	5.6	Vielfältige Möglichkeiten in der Jugendarbeit erkennen	Präsentation der Gruppenergebnisse: Jeder Tisch stellt seine zwei wichtigsten Ergebnisse vor; Karten werden auf Pinnwand geclustert.	Pinnwand, Braunpapier, Kleber
10 Min.	5.7	Meinen Platz in der Jugendarbeit finden	Prioritäten setzen: jede/r hat drei Klebepunkte und klebt diese hinter seine bevorzugten Ideen	für jede/n drei Klebepunkte
30 Min.		Pause		
	6.	Konkrete Schritte über die Konfirmation hinaus		
10 Min.	6.1	Konkrete Schritte in die Jugendarbeit, Umsetzung der Ideen planen	Einführung in die Aktionsgruppen	M13 drei Mal kopieren;

				Plakate DIN A0 vorbereiten
30 Min.	6.2	Umsetzung der Ideen planen	Drei Aktionsgruppen planen die Umsetzung ihrer Idee	drei Plakate DIN A0, Stifte, drei Räume
12 Min.	6.3	Austausch der Umsetzungsideen	Plenum: Präsentation der Ergebnisse der Aktionsgruppen	
15 Min.	7.	Reflexion World Café und Umsetzung	Gesprächsrunde	
	8.	Abschlussblock		
10 Min.	8.1	Zusammenfassung	Plenum Kurzinput	M14
10 Min.	8.2	Erkenntnisse und nächste Schritte der Teilnehmenden	Jede/r schreibt seine Erkenntnisse auf.	M15 für jede/n

Zeitbedarf: ca. 3 Stunden, 40 Minuten

IV. Beispiele aus dem Verlaufsplan B – Der Nachmittag

Zu 5: World Café

Vier runde Tische mit vier Stühlen sind vorbereitet. Die Papiertischdecken dienen als »Plakat«.

Die Rollenverteilung sieht vor: Zwölf Teilnehmende sind Konfis; vier sind Ehrenamtliche.

Achtung pro Tisch: Ein Ehrenamtliche/r und drei Konfis.

Zu 5.2: Einführung in die Methode World Café:

Impuls: *World Café ist eine kreative Methode, um mit größeren Gruppen zu einem beliebigen Thema Ideen zu spinnen. Ein gastfreundlicher Raum ist wichtig, der Rahmen soll einladend sein. Die Papiertischdecke ist der Ideenspeicher: Dort kann man seine Ideen hinkritzeln und malen. Es gibt kein Richtig und Falsch.*

Wichtig ist eine gute Impulsfrage für die Tische.
Dann gibt es drei Runden:
Runde 1: Am eigenen Tisch werden Ideen ausgetauscht und aufgeschrieben.
Runde 2: Zwei Personen bleiben als Gastgeber am Tisch, zwei gehen und zwei Personen kommen neu dazu. Die Gastgeber stellen den Gästen ihre Ideen vor, die Gäste fragen nach und ergänzen.
Runde 3: Die Gäste nehmen Ideen mit zurück an den eigenen Tisch, dort trifft sich die Ursprungsbesetzung von Runde 1. Nun werden die ersten Ideen noch mal ergänzt und konkretisiert.
Erst dann kommt es zu einer Präsentation der Ergebnisse im Plenum.

Wir führen heute ein World Café durch, ihr habt verschiedene Rollen bekommen. Manche von euch sind Konfis, einige sind Ehrenamtliche. Stellt euch jetzt auf folgende Situation ein: Es ist Samstag. Ihr trefft euch vor Ort im Gemeindehaus fünf Monate vor der Konfirmation. Ihr habt schon einige kreative Workshops heute Morgen erlebt. Ihr habt gemerkt, wie viel Spaß es macht, in der Gruppe etwas zusammen zu machen. Nun überlegt ihr gemeinsam, wie es nach der Konfirmation weitergehen könnte. Ihr seid offen und positiv eingestellt.
Gibt es jetzt noch Fragen, bevor wir starten?

Foto © bei der Autorin

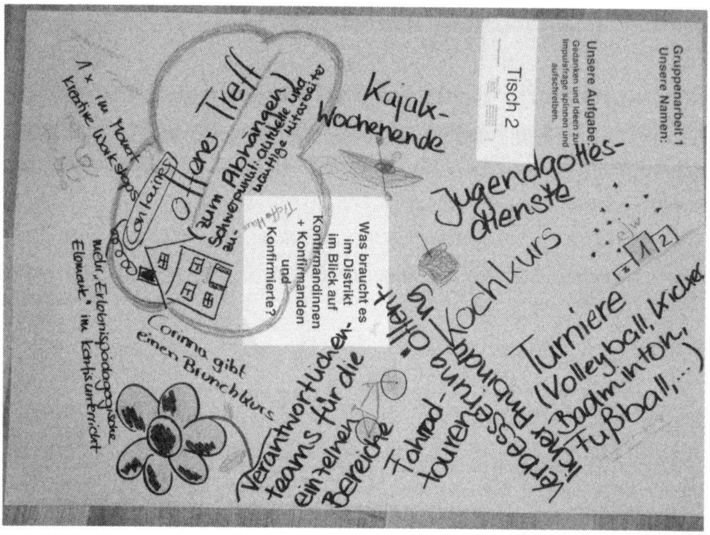

Foto © bei der Autorin

Zu 5.3: Durchführung der Methode World Café – Runde 1

Impuls: *Herzlich willkommen zum World Café. In fünf Monaten ist Konfirmation und wir wollen heute gemeinsam überlegen: Was ist eigentlich nach der Konfirmation? Würdest du gerne irgendwo mitarbeiten? Würdest du gerne in die Jugendarbeit einsteigen?*
Wie müsste die Jugendarbeit aussehen, dass du Lust hättest, da einzusteigen, dass du dich wohlfühlst; dass du gerne da bist und dich aktiv einbringen kannst? Wie müsste es sein, dass ihr Lust hättet, in dieser Jugendarbeit mitzuschaffen und sie zu unterstützen?
Ihr habt Eddings und Wachsmalkreide. Ihr könnt kritzeln, malen. Die Tischdecke ist nur für euch bestimmt. Bitte notiert alle eure Ideen auf dem Plakat. Die Ideen dürfen auch ein bisschen verrückt sein. Sagt einfach das, was euch in den Sinn kommt und schreibt es auf. Ihr habt 20 Minuten Zeit. Die Impulsfrage lege ich euch nun auf eure Tische.

Impulsfrage schriftlich auf jeden Tisch legen.
Jeder Tisch hat 20 Minuten Zeit, um Ideen zur Impulsfrage aufzuschreiben.
Die World Café Runden 2 und 3 werden durchgeführt und jeder Tisch präsentiert seine Ergebnisse.

Zu 5.7: Meinen Platz in der Jugendarbeit finden

Impuls: *Wir sehen nun alle Ideen hier vorne hängen, es sind ziemlich viele. Jeder hat drei Klebepunkte und klebt die hinter eine Idee, die ihm oder ihr besonders gefällt. Danach machen wir 15 Minuten Pause.*

Jede/r verteilt die eigenen Klebepunkte.
In der Pause werden die Klebepunkte pro Idee gezählt und die Zahl notiert, so dass für jede und jeden ersichtlich ist, welche drei Ideen die beliebtesten sind.

Foto © bei der Autorin

Zu 6.1: Umsetzung der Ideen

In den folgenden Arbeitsschritten geht es darum, die beliebtesten Ideen in sog. Aktionsgruppen umzusetzen.

Unser Vorhaben:

Unsere Umsetzungsideen:

Wie geht's weiter?

Unsere Namen:

(DIN-A0-Plakat)

Die weiteren Arbeitsschritte sowie die vollständigen Erläuterungen zum Verlaufsplan finden sich in ausführlicher Form auf der beiliegenden CD-ROM.

V. Schlussbemerkungen

Was noch erwähnenswert ist

Viele Faktoren beeinflussen die erfolgreiche Durchführung eines World Cafés. Man sollte eine einladende und entspannte Atmosphäre schaffen, damit kreative Energie freigesetzt werden kann.

Setting/Rahmenbedingungen

Ein großer Plenumsraum sollte vorhanden sein:
Freier Platz für Übung (2.1),
4 runde Tische für World Cafe.
Zwei weitere Gruppenräume werden benötigt (6.2).
Es wäre positiv, wenn das Mittagessen nicht im Plenumsraum eingenommen werden muss, damit ein Orts- bzw. Raumwechsel stattfinden kann.

Literatur

Großer, Achim/Schlenker-Gutbrod, Karin: Verknüpfen. Jugend- und Konfirmandenarbeit; Freizeit und Gruppenarbeit, Aktivgruppen gründen. Stuttgart 2006.

Krebs, Reinhold/Vom Schemm, Burkhard: Aktivgruppen. Jugendliche entfalten Talente und entdecken den Glauben (mit CD-ROM). Stuttgart, 2006.

http://www.all-in-one-spirit.de/pdf/cafetogo_d.pdf (M8 Anleitung zum WorldCafe)

1.7 Kleingruppen anleiten und moderieren, Teil 1 – ein Kurzseminar

Karin Schlenker-Gutbrod

I. Ziele

Die Teilnehmenden sollen durch zwei verschiedene Formen von Kleingruppenarbeit zum Thema »Vaterunser« die wichtigsten Regeln zur Anleitung und Moderation von Kleingruppenarbeit kennen lernen und selbst ausprobieren. Sie reflektieren dabei verschiedene Rollen und Leitungsfunktionen in der Kleingruppenarbeit.

II. Hinführende Gedanken

Kleingruppenarbeit ist für eine ganzheitliche Konfirmandenarbeit unerlässlich.
Dieses Modul geht von folgenden Grundannahmen bezüglich Kleingruppenarbeit aus:
- Kleingruppen sind für das Lernen ertragreicher als Vermittlungsformen im Plenum.
- Kleingruppen geben Raum, vorhandene Kompetenzen und Erfahrungen einzubringen, zu nutzen und zu stärken.
- Kleingruppen sind ein Modell für selbsttätiges Lernen.
- Kleingruppen erhöhen die Chancen, dass einzelne Personen in ihrem Eigen-Sein von anderen Teilnehmenden und von der Leitung wahrgenommen werden.
- Kleingruppen fördern Begegnung und Kommunikation. Diese Erlebnisse können Freude und Spaß bringen und bilden einen Rahmen für lebendiges Lernen.

(Vgl. auch: Knoll, Jörg: Kleingruppenmethoden. Weinheim und Basel 1993.)

Ob die Kleingruppenarbeit gelingt, hängt entscheidend von der Einführung und den Rahmenbedingungen der Kleingruppenarbeit ab: Arbeitsauftrag, Zeit, Auftrag zur Visualisierung, Präsentation der Ergebnisse. Kleingruppenarbeit darf keine Beschäftigungstherapie sein.

Die Arbeit in Kleingruppen bietet einige Vorteile gegenüber der Arbeit mit Einzelnen. Jedoch sollte man versuchen, sich bei der Bearbeitung an folgende Punkte zu halten, da es sonst schnell zu Schwierigkeiten bei der Bewältigung der Aufgabe kommen kann.

1. Aufgabenstellung klären: Die Aufgabe sollte jedem Mitglied der Gruppe schriftlich vorliegen. Somit ist gewährleistet, dass nicht an der Aufgabenstellung »vorbei« gearbeitet wird.
2. Arbeitsort: Man sollte versuchen, einen Ort zu wählen, an dem man in Ruhe und ungestört arbeiten kann und der genug Platz für alle bietet.
3. Planung: Bevor mit der eigentlichen Arbeit begonnen wird, sollte die Gruppe eine Übersicht vorliegen haben oder selbst erstellen, welche Schritte zur Bewältigung der Aufgabe geschehen müssen.
4. Den Vorteil »Gruppe« nutzen: Jeder soll sich beteiligen können. Wenn diskutable Themen nur von Einzelnen behandelt werden, wird der Vorteil, die eine Gruppe zu einer Einzelperson hat, nicht ausgenutzt.
5. Die Rollen, die Konfiteamer übernehmen können: Jemand der
   - die Treffen leitet,
   - der zur Mitarbeit motiviert,
   - die Einhaltung des Zeitplans kontrolliert,
   - die Übereinstimmung mit der Aufgabenstellung kontrolliert,
   - Protokoll führt, oder wichtige Beschlüsse festhält,
   - mit einigen anderen für den kreativen Teil zuständig ist,
   - bei Streit für Schlichtung sorgt.
6. Präsentation: Eine schlechte Präsentation kann die beste Gruppenarbeit zunichte machen. Daher ist es notwendig, dafür Zeit einzuplanen.

Verschiedene Formen von Kleingruppenarbeit erfordern unterschiedliche Leitungsstile der Mitarbeitenden in Kleingruppen.

III. Ablaufplan der Schulungseinheit

Zeit	Nr.	Inhalt	Methode/Aktion	Material
5 Min.	1.	Einstieg in das Thema: Moderation von Kleingruppenarbeit	Kurzimpuls	
10 Min.	2.	Eine Kleingruppenphase erleben ohne konkreten Arbeitsauftrag, ohne kreative Methode, ohne Auftrag zur Ergebnissicherung	Kleingruppenarbeit Nr. 1 (Konfiteamer als Konfis)	Vaterunser auf DIN-A4-Blättern (M1)
5 Min.	3.	Eine Präsentation erleben ohne konkreten Arbeitsauftrag im Vorfeld	Präsentation der Ergebnisse der Kleingruppenarbeit (Konfiteamer als Konfis)	
5 Min.	4.	Reflexion der Kleingruppenarbeit	Gespräch	
2 Min.	5.	Überleitung		
10 Min.	6.	Inhaltliche Vorbereitung der Kleingruppenarbeit Nr. 2; Vertiefung der einzelnen Elemente des Vaterunser	Einzelarbeit: (Konfiteamer als Konfis) Wandzeitung, jede/r schreibt seine Gedanken zu Vaterunser-Elementen auf eine Wandzeitung	Einzelne Vaterunser-Sätze (M1) auf Wandplakaten, Stift für jede/n TN
15 Min.	7.	Kleingruppenarbeit erleben: mit Gruppeneinteilung, konkretem Arbeitsauftrag, kreativer Methode und Ergebnissicherung	Kleingruppenarbeit Nr. 2 (Konfiteamer als Konfis)	Leere Flips mit Vaterunser-Satz, »Duplomännchen«, »Duplosteine«, Holzklötze; Vaterunser auf DIN-A4-Blättern (M1)

10 Min.	8.	Eine Präsentation erleben mit konkretem Arbeitsauftrag und Auftrag zur Visualisierung des Ergebnisses	Präsentation der Ergebnisse der Kleingruppenarbeit (Konfiteamer als Konfis)	
15 Min.	9.	Reflexion der beiden unterschiedlichen Kleingruppenarbeiten. Die wichtigsten Regeln für Kleingruppenarbeit	Gespräch, Beiträge der TN aufschreiben	Pinnwand mit Braunpapier, Stift, Überschriften (M2)
5 Min.	10.	Vier Regeln für die Kleingruppenarbeit	Zusammenfassung	vier Regeln als DIN-A4-Blätter ausdrucken (M3)
10 Min.	11.	Verschiedene Formen von Kleingruppenarbeit	Brainstorming zu zweit	Moderationskarten, Stifte
15 Min.	12.	Verschiedene Rollen als Konfiteamer in verschiedenen Formen von Kleingruppenarbeit	Kleingruppenarbeit zu viert	Moderationskarten, Stifte
(20 Min.)	13.	Fakultativ: Vertiefung zu Punkt 11+12 Thema: Minusregeln eines Gruppenleiters	Kleingruppenarbeit	Flip, Stift für jede Kleingruppe
10 Min.	14.	Abschluss des Moduls	Impuls	zusammenfassende Thesen (M4)

Zeitbedarf: ca. 2 Stunden

IV. Beispiele aus dem Verlaufsplan

Zu 6: Inhaltliche Vorbereitung der Kleingruppenarbeit Nr. 2 – Vertiefung der einzelnen Elemente des Vaterunser

(Vorbereitung: neun Flipblätter in der Mitte falten, M1 ausdrucken und die einzelnen DIN-A4-Blätter mit Gebetsteilen darauf kleben und »doppelte Flips« an die Wand hängen, so drückt der Stift nicht auf die Tapete/Wand durch.)

Aktion Wandzeitung:

1. Vater unser im Himmel.
2. Geheiligt werde dein Name.
3. Dein Reich komme.
4. Dein Wille geschehe, wie im Himmel so auf Erden.
5. Unser tägliches Brot gib uns heute.
6. Und vergib uns unsere Schuld, wie auch wir vergeben unseren Schuldigern.
7. Und führe uns nicht in Versuchung,
8. sondern erlöse uns von dem Bösen.
9. Denn dein ist das Reich und die Kraft und die Herrlichkeit in Ewigkeit. Amen.

Impuls: *Wir wollen uns nun die einzelnen Elemente des Vaterunser genauer anschauen. Lässt man die Anrede »Vater unser im Himmel« und den Lobpreis zum Schluss »denn dein ist das Reich und die Kraft und die Herrlichkeit in Ewigkeit« einmal weg, bleiben sieben Bitten.*
Alle Bitten hängen an den Wänden in diesem Raum verteilt. Ihr geht zu jeder Station und schreibt zu jedem Satz des Vaterunsers eure Gedanken, Fragen und Fantasien auf.
Dabei gelten folgende Regeln: Es dürfen höchstens zwei gleichzeitig an einer Station stehen. Während der ganzen Aktion wird nicht gesprochen. Wenn ihr an allen Stationen gewesen seid, setzt euch wieder in den Stuhlkreis.

Zu 7: Kleingruppenarbeit erleben: mit Gruppeneinteilung, konkretem Arbeitsauftrag, kreativer Methode und Ergebnissicherung

Die Teilnehmenden sind nach der Wandzeitungsphase wieder an ihre Plätze im Stuhlkreis zurückgekehrt. (Vorbereitung: Es steht genügend Spielzeug zur Verfügung z. B.: »Duplosteine und Duplomännchen«; Holzklötze etc., leere Flips und Stifte; M1 einmal ausdrucken.)

Impuls zur Gruppeneinteilung: *Welcher Satz aus dem Vaterunser hat euch am meisten angesprochen? Bitte stellt euch unter das jeweilige Plakat an der Wand.* Nun werden die Kleingruppen eingeteilt, es sollten pro Plakat nicht weniger als zwei und nicht mehr als vier sein.

Impuls: *Bildet Kleingruppen zu viert und bestimmt einen Moderator/eine Moderatorin der Kleingruppe. Bitte entscheidet euch jetzt. Ihr sollt zu einem Element des Vaterunsers ein Bodenbild gestalten. Legt ein weißes Flipchart in eure Mitte, klebt darauf euren Satz des Vaterunsers und dann gestaltet mit den Spielsachen ein zum Satz passendes Bodenbild. Die beschriebene Wandzeitung zu eurem Text erhaltet ihr als Ideengeber für die Gestaltung des Bodenbildes. Ihr habt dazu 15 Minuten Zeit. Danach werden wir einen gemeinsamen Rundgang machen und ihr werdet euer Bodenbild den anderen präsentieren und erklären, was ihr euch bei der Gestaltung gedacht habt.*
Es folgen nun präzise Anweisungen, wo jede Gruppe ihr Bodenbild aufbaut und welche Materialien zur Verfügung stehen. Die Kleingruppe nimmt die Wandzeitung ab, unter der sie stand; das Leitungsteam verteilt den passenden Vaterunser-Satz an jede Kleingruppe.
Jede Gruppe gestaltet ihr Bodenbild.

Impuls nach zwölf Minuten: *Bitte bringt euer Bodenbild nun zu Ende. Da wir gleich einen Rundgang machen, soll jede Gruppe kurz erklären, was sie sich bei der Gestaltung gedacht hat. Diese Präsentation soll einer aus eurer Gruppe übernehmen, aber nicht euer Gruppenleiter oder -leiterin.*

Fotos © Pascal Vinçon, Rutesheim

Zu 8: Präsentation

Die Gruppe steht gemeinsam vor dem ersten gestalteten Satz des Vaterunser. Ein Teilnehmender der Gruppe erklärt, was die Leitgedanken bei der Gestaltung des Bodenbildes waren. Die anderen können und dürfen Rückfragen stellen, aber keine Bewertung vornehmen. Auf eine Wertschätzung am Ende jeder Betrachtung, etwa durch Applaus, ist unbedingt zu achten.

Impuls: »*Erklärt uns euer Bodenbild – Was möchtet ihr darstellen?*«
Ein Gruppenteilnehmer erklärt das erste Bodenbild.
Impuls: *Wir nehmen an, dass jede und jeder sich Mühe gegeben hat und ungeschützt einen Teil von sich den anderen zeigt. Deswegen fühlt es sich unangenehm an, wenn man erklärt, was man sich dabei gedacht hat und die anderen gehen einfach stumm weiter zum nächsten Bodenbild. Besser fühlt es sich an, wenn man dafür eine Zustimmung in Form von Applaus bekommt.*

Zu 10: Zusammenfassung

Der Fortbilder/die Fortbilderin hängt die vier Regeln der Kleingruppenarbeit (M3) an die Pinnwand.
Impuls: *Ich möchte euch auf vier Regeln für die Arbeit in Kleingruppen hinweisen:*

1. *Die Arbeitsaufträge detailliert und schriftlich geben!*
2. *Den Anschein von Beschäftigungstherapie vermeiden!*
3. *Genügend Zeit geben! Vor allem, wenn die Kleingruppenarbeit in verschiedenen Räumen stattfindet.*
4. *Auf eine Präsentation der Arbeitsergebnisse mit Visualisierung bestehen.*

Die weiteren Arbeitsschritte sowie die vollständigen Erläuterungen zum Verlaufsplan finden sich in ausführlicher Form auf der beiliegenden CD-ROM.

V. Schlussbemerkungen

Was noch erwähnenswert ist

Die Rollen wechseln bei diesem Trainingsmodul hin und her, die Leitung ist einerseits Trainer/Trainerin der Konfiteamer, andererseits die des Konfiunterrichts zum Thema »Vaterunser«; die teilnehmenden Konfiteamer sind einerseits in ihrer Rolle als Schulungsteilnehmende und andererseits spielen sie die Rolle von Konfirmandinnen und Konfirmanden in der Konfirmandeneinheit »Vaterunser«. Das Leitungsteam muss bewusst darauf achten, dass in der jeweiligen Situation allen ihre Rolle klar ist.

Setting/Rahmenbedingungen

Dieses Modul erfordert viel Platz.

Ein Stuhlkreis sowie Wände, an die eine Wandzeitung angeklebt werden kann und beschriftbar sein sollte. Tipp: Flipblätter in der Mitte falten, Din-A4-Blätter mit Gebetsteilen darauf kleben und »doppelte Flips« an die Wand hängen. So drückt der Stift nicht auf die Wand durch.

Kleingruppenarbeit: viel freier Platz auf dem Boden zur Gestaltung des Bodenbildes und für die anschließende Präsentation.

Für anschließende Reflexion wird genügend Platz im Stuhlhalbkreis mit Sicht auf Pinnwand und Flipchart benötigt.

Literatur

Trenn, Olaf/Witting, Christian (Hg.): Das TeamerHandBuch. Für Ehrenamtliche in der Konfirmandenarbeit, Gütersloh 2004.

Knoll, Jörg: Kleingruppenmethoden. Effektive Gruppenarbeit in Kursen, Seminaren, Trainings und Tagungen, Weinheim und Basel 1993.

Lipp, Ulrich/Will, Herrmann: Das große Workshop-Buch, Weinheim und Basel 1996.

Pädagogisch Theologisches Zentrum Stuttgart (Hg.): Anknüpfen. Praxisideen für die Konfirmandenarbeit, Stuttgart 2005.

1.8 Kleingruppen anleiten und moderieren, Teil 2 – ein Kurzseminar

Karin Schlenker-Gutbrod

I. Ziele

- Ziel dieser Einheit ist, die ehrenamtlichen Mitarbeiterinnen und Mitarbeitern zu befähigen, Kleingruppen in der Konfirmandenarbeit zu leiten und zu moderieren.
- Die Teilnehmenden kennen gelingende Kriterien von Kleingruppenarbeit.
- Die Teilnehmenden lernen verschiedene Methoden kennen für die Kleingruppenbildung, Kleingruppenarbeit und die Präsentation der Ergebnisse.
- Die Teilnehmenden werden in ihrer Leitungs- und Methodenkompetenz gestärkt.

II. Hinführende Gedanken

Kleingruppenarbeit ist für eine ganzheitliche Konfirmandenarbeit unerlässlich.

Die vier goldenen Regeln für die Arbeit in Kleingruppen
1. Die Arbeitsaufträge detailliert und schriftlich geben!
2. Den Anschein von Beschäftigungstherapie vermeiden!
3. Genügend Zeit geben! Vor allem, wenn die Kleingruppenarbeit in verschiedenen Räumen stattfindet.
4. Auf eine Präsentation der Arbeitsergebnisse mit Visualisierung bestehen.

(Vgl. auch: Lipp, Ulrich/Will, Herrmann: Das große Workshop-Buch, Weinheim und Basel 1996.)

Zehn Minusregeln für Gruppenleiter/innen, um eine Gruppe zu ruinieren:
1. Rede nie von dir selber, bleibe sachlich und ernst.
2. Rede in jede Pause hinein.
3. Gerechtigkeit ist nicht zu erreichen, sei ungerecht!
4. Ignoriere Konflikte in der Gruppe.
5. Erzähle eine Anekdote nach der anderen.
6. Greife nie in das Gruppengeschehen ein.

7. Fühle dich immer persönlich angegriffen und antworte mit einem Kurzreferat.
8. Gehe zum Lachen in den Keller.
9. Gib überall deinen Senf dazu.
10. Erteile ungefragt, aber heftig, Ratschläge.
11. Scheue dich nie, Gesprächsteilnehmer zu korrigieren und zu unterbrechen.

(Vgl. auch: Knoll, Jörg: Kleingruppenmethoden. Weinheim und Basel 1993.)

Foto © Evang. Jugendwerk in Württemberg

Im Teamer-Handbuch für Ehrenamtliche in der KA sind viele hilfreiche Tipps für die Kleingruppenarbeit vorhanden:

S. 32/33	Raum und Atmosphäre gestalten
S. 34/35	ein Gespräch führen
S. 36/37	Hören lernen, sagen lernen
S. 43	fünf Möglichkeiten, mit der Gruppe anzufangen
S. 44	fünf Möglichkeiten, mit der Gruppe im Gespräch zu bleiben
S. 45	fünf Möglichkeiten, wenn ich nicht mehr weiter weiß
S. 46	fünf Möglichkeiten bei Unlust
S. 47	fünf Möglichkeiten, mit der Gruppe ein Bild zu betrachten
S. 48	fünf Möglichkeiten, ein Thema zu präsentieren
S. 64	sechs Schritte, sich ein Bild zu erschließen
S. 66	eine Spielszene entwickeln – zwei Fahrpläne

III. Ablaufplan der Schulungseinheit

Zeit	Nr.	Inhalt	Aktion	Material
15 Min.	1.	Verschiede Formen von Kleingruppenbildung kennen lernen und reflektieren	Übungen zur Gruppenbildung im Plenum	Arbeits-blätter (M1)
	2.	Reflexion über die Kleingruppenarbeit		
2 Min.	2.1	Einstieg ins Thema		
10 Min.	2.2	Eigene Reflexion: Positive und negative Erfahrungen mit Kleingruppen	Arbeitsgruppen (AG) zu dritt/viert; Methode: stilles Schreibgespräch	Pro AG 1 Flip und Stifte für jede/n
15 Min.	2.3	Kriterien für gelingende Kleingruppen	Arbeitsgruppen zu dritt/viert	Moderati-onskarten
10 Min.	2.4	Kriterien für gelingende Kleingruppen	Plenum: Präsentation der Arbeitsgruppenergebnisse (Sammeln der Moderationskarten)	Pinnwand, Nadeln, Flipchart
15 Min.	2.5	Kultur entwickeln für die Kleingruppenarbeit	Arbeitsgruppen	Gruppen-einteilungs-karten (Bildkarten)
Ca. 20 Min.	2.6	Kultur entwickeln für die Kleingruppenarbeit	Präsentation der Arbeitsgruppenergebnisse (Methode wählt jede AG frei aus)	
10 Min.	2.7	Kriterien für eine gelingende Ergebnispräsentation	Plenum: Brainstorming	Flip, Stift
10 Min.	2.8	Die Phasen der Kleingruppen	Input im Plenum	vorbereitete Aussagen an Pinnwand (M2)

5 Min.	2.9	Zusammenfassung	Input im Plenum	vorbereitete Aussagen an Pinnwand (M3)
20 Min.		Pause		
	3.	Methoden für die Kleingruppenarbeit		
10 Min.	3.1	Verschiedene Methoden für Kleingruppen	Brainstorming im Plenum, Präsentations-Methode: Mindmap	Pinnwand, Braun-papier
5 Min.	3.2	Unterschied zw. Erschließungs- und Darstellungsmethoden	Plenum	
15 Min.	3.3	Kleingruppenarbeit in der Praxis	Plenum: Einführung in die Arbeitsgruppen	Arbeits-blätter (M4, M5, M6, M7) für jede/n
30 Min.	3.4	Kleingruppenarbeit inhaltlich vorbereiten	Arbeitsgruppen, Ablaufplan für eine Kleingruppe erstellen	Flip, Stifte, versch. Räume
15 Min.	3.5	Kleingruppen durchführen	Arbeitsgruppen	
15 Min.		Pause		
ca. 20 Min.	3.6	Kleingruppenergebnisse präsentieren	Plenum	
15 Min.	3.7	Methoden zur Erschließung und Bearbeitung von Bibeltexten	Plenum Brainstorming	Flip, Stift
5 Min.		Pause		
	4.	Abschluss der Trainingseinheit		
10 Min.	4.1	Zusammenfassung	Plenum: Offene Fragen beantworten	Flip, Stift
15 Min.	4.2	Feedback der Teilnehmenden	Plenum: Blitzlichtrunde	

Zeitbedarf: ca. 4 Stunden, 40 Minuten

IV. Beispiele aus dem Verlaufsplan

Zu 1: Verschiedene Formen von Kleingruppenbildung kennenlernen und reflektieren

Impuls: *Wir beginnen mit verschiedenen Übungen zur Kleingruppenbildung.*
a) Abzählen lassen in drei Gruppen: *Wir teilen drei Gruppen ein, bitte zählt durch immer von 1 bis 3.*
b) Nach Mädchen und Jungen in zwei Gruppen trennen.
c) Wählen lassen: Zwei Anführerinnen oder Anführer dürfen ihre Gruppenmitglieder auswählen (wie beim Sport).
d) Alle mit der gleichen Augenfarbe bilden eine Gruppe; alle mit der gleichen Sockenfarbe bilden eine Gruppe.
e) Gruppeneinteilung nach Interessen: *Wir bieten drei Workshops an: Basteln, Fußball, Tanzen. Bitte teilt euch jetzt in diese Workshop-Gruppen ein.*
Gemeinsame Reflexion der Übungen: Welche Dynamik bekommt welche Gruppenbildung?
Bewusst machen: Die Kleingruppenbildung löst immer auch eine Spannung aus, wer mit wem zusammenkommt.
Arbeitsblatt: Gruppenbildung und Gruppengröße (M1) verteilen, bei Bedarf besprechen.

Zu 3.1: Verschiedene Methoden für Kleingruppen

Brainstorming, Präsentations-Methode: Mindmap
Impuls: *Wir wollen nun Methoden sammeln, die in einer Kleingruppenarbeit durchgeführt werden können. Es gibt Erschließungsmethoden und Darstellungsmethoden. Welche kennt ihr?*

Der Fortbilder/die Fortbilderin erstellt zwei Mindmaps:

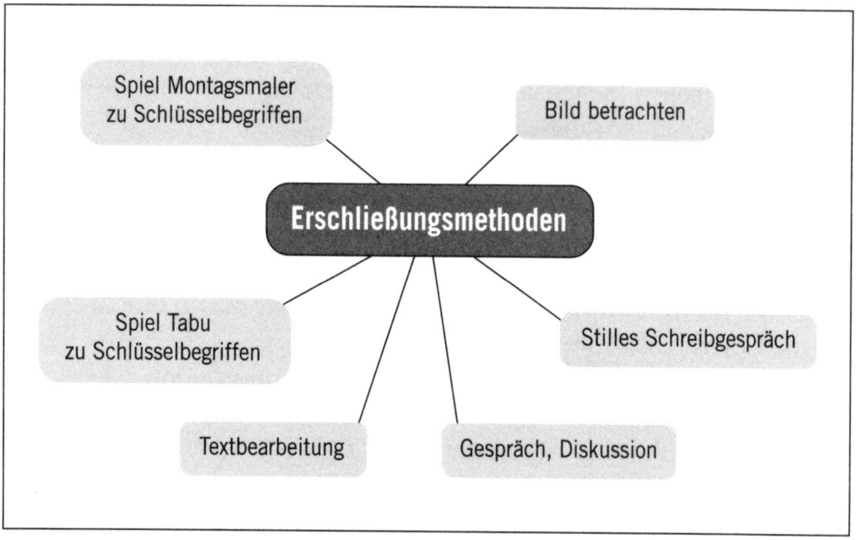
Erschließungsmethoden
Spiel Montagsmaler zu Schlüsselbegriffen
Bild betrachten
Spiel Tabu zu Schlüsselbegriffen
Stilles Schreibgespräch
Textbearbeitung
Gespräch, Diskussion

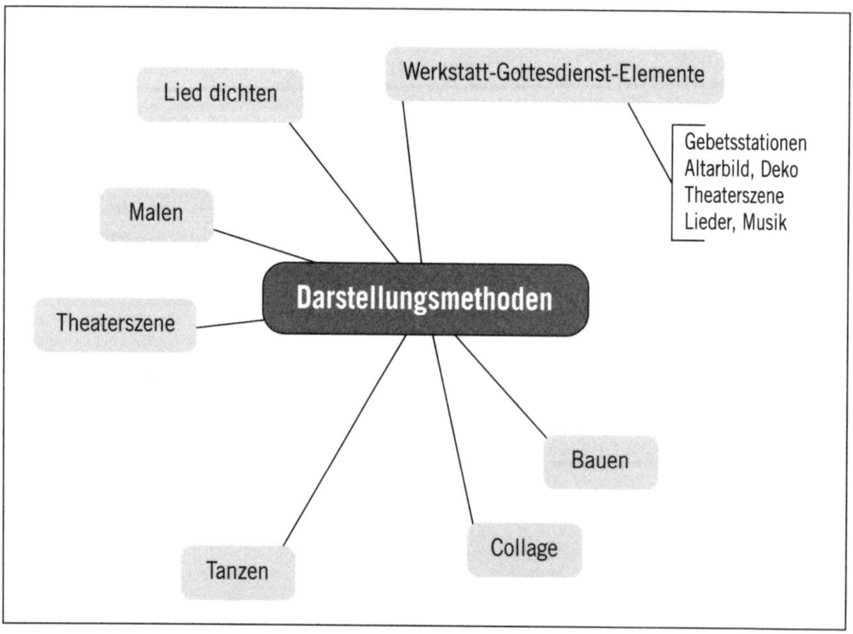
Darstellungsmethoden
Lied dichten
Werkstatt-Gottesdienst-Elemente
Gebetsstationen
Altarbild, Deko
Theaterszene
Lieder, Musik
Malen
Theaterszene
Bauen
Collage
Tanzen

M4: Organisatorischer Arbeitsauftrag für Konfiteamer-Arbeitsgruppen

Runde 1 in Arbeitsgruppen:
Jede Konfiteamer-Arbeitsgruppe erarbeitet einen 15-minütigen Ablaufplan für eine Kleingruppe (mit ca. vier bis sechs Personen) in der Konfirmandenarbeit (Zielgruppe: Konfirmandinnen und Konfirmanden).

Konkreter schriftlicher Arbeitsauftrag und schriftlicher Ablaufplan für ca. 15 Minuten mit
- einem Einstiegsimpuls und
- einer Methode, die durchgeführt wird.
- Was soll der Kleingruppenleiter machen, wenn die Methode/das Gespräch stockt?
- Wie sollen Ergebnisse präsentiert werden?
- Wie soll das Ende gestaltet sein?

Die Arbeitsgruppen haben 30 Minuten Zeit, den Ablaufplan zu entwickeln.

Jede Konfiteamer-Arbeitsgruppe soll einen Experten/eine Person Mister X bestimmen, die den gerade entwickelten Ablauf mit einer anderen Konfiteamer-Arbeitsgruppe durchführt. Mister X schreibt den Ablaufplan mit.

Runde 2 in denselben Arbeitsgruppen:
Jede Konfiteamer-Arbeitsgruppe führt einen Ablaufplan einer anderen Arbeitsgruppe durch und wird dabei von einer Leitungsperson Mister X angeleitet und überlegt sich eine Präsentation der Ergebnisse.

Zeit: 15 Minuten

Konkret heißt das: Zu Arbeitsgruppe 1 kommt Experte/Mister X von Arbeitsgruppe 2 und führt mit Arbeitsgruppe 1 den gerade von Arbeitsgruppe 2 erstellten Ablaufplan durch.
Zu Arbeitsgruppe 2 kommt Experte/Mister X von Arbeitsgruppe 3 und führt mit Arbeitsgruppe 2 den gerade von Arbeitsgruppe 3 erstellten Ablaufplan durch.
Zu Arbeitsgruppe 3 kommt Experte/Mister X von Arbeitsgruppe 1 und führt mit Arbeitsgruppe 3 den gerade von Arbeitsgruppe 1 erstellten Ablaufplan durch.

Runde 3 im Plenum:
1. Präsentation:
Jede Konfiteamer-Arbeitsgruppe präsentiert die Ergebnisse der Kleingruppenarbeit. Bedingung: Mister X darf nicht präsentieren.

2. Feedback
Nach jeder Präsentation gibt es ein kurzes Feedback (max. sechs Minuten pro Arbeitsgruppe).
a) Die Arbeitsgruppe zieht ein eigenes Resümee:
   Wie ist der Ablauf von Runde 2 gelungen? Methode; Ablauf; Rolle von Mister X; Vorbereitung auf Präsentation?
b) Die anderen Teilnehmenden geben Feedback zur Präsentation.

M5: Inhaltlicher Arbeitsauftrag für Konfiteamer-Arbeitsgruppen

Runde 1 in Arbeitsgruppen:
Jede Konfiteamer-Arbeitsgruppe erarbeitet einen 15-minütigen Ablaufplan für eine Kleingruppe (mit ca. vier bi sechs Personen) in der Konfirmandenarbeit (Zielgruppe: Konfirmandinnen und Konfirmanden).

Die Arbeitsgruppen haben 30 Minuten Zeit, den Ablaufplan zu entwickeln.

Zu folgenden Themen:
Jede Kleingruppe probiert eine Methode aus zur Erschließung des folgenden Bibeltextes: Mt 26, 69–75, Die Verleugnung des Petrus.

Kleingruppe 1
- Methode: Bildbetrachtung (M6)
- Evtl. Sprechblasen malen – Was könnte Petrus gedacht haben?
- Welche Methoden zur Ergebnispräsentation bieten sich hier an?

Kleingruppe 2
- Methode: Die Geschichte aus der Sicht des Hahns aufschreiben und sich in der Kleingruppe erzählen (M7).
- Welche Methoden zur Ergebnispräsentation bieten sich hier an?

Kleingruppe 3
- Methode: Wie würden Sie entscheiden? Vor vielen Jahren gab es einmal eine Fernsehsendung mit diesem Namen. Diese Methode eignet sich gut, wenn es sich im Text um eine Konfliktsituation oder um einen Entscheidungsprozess handelt. Der Text wird an einer Schlüsselstelle unterbrochen, die Teilnehmenden überlegen dann gemeinsam, wie die Geschichte weitergehen könnte, evtl. auch einen ganz anderen Verlauf nehmen könnte.
- Wie wäre die Geschichte wohl weitergegangen, wenn Petrus anders reagiert hätte, z.B. wenn er gesagt hätte, er kennt Jesus.
- Pro und Contra: Eine Hälfte argumentiert: Ist doch klar, dass Petrus Jesus verleugnet hat; Die andere Hälfte: Das ist völlig uneinsichtig, warum Petrus Jesus verleugnet hat.
- Welche Methoden zur Ergebnispräsentation bieten sich hier an?

Kleingruppe 4
- Methode: Wo stehe ich – Aktion?
  Bei dieser Methode geht es darum, den eigenen Platz in der Geschichte zu finden. Welche Personen/Sachen/Gefühle kommen in der Bibelgeschichte vor? Wie stellen wir diese Personen/Sachen/Gefühle im Raum auf (Standbild)?
  Zu welcher Personengruppe zähle ich mich? Welche Haltung, welche Geste nehme ich dann ein? In welchem Abstand stehe ich zu Petrus?
- Welche Methoden zur Ergebnispräsentation bieten sich hier an?

V. Schlussbemerkungen

Was noch erwähnenswert ist

Der Fortbilder/die Fortbilderin sollte eigene Erfahrungen in Kleingruppenarbeit und Kenntnisse in Methoden für die Kleingruppenarbeit und Präsentation der Ergebnisse mitbringen.

Setting/Rahmenbedingungen

Als Vorbereitung dient das Modul: »Kleingruppen anleiten und moderieren, Teil 1«.

Die Durchführung des Moduls erfordert einen Raum mit viel Platz:

- Stuhlhalbkreis mit Sicht auf Pinnwand und Flipchart.
- Übungen zur Kleingruppenbildung – Stühle zur Seite stellen.
- Kleingruppenarbeit sollte überwiegend im Raum selbst stattfinden können.
- Die Arbeitsgruppen (3.4 – 3.6) benötigen jeweils einen eigenen Arbeitsraum.
- Für Präsentationen viel Platz an Pinnwänden.

Literatur

Trenn, Olaf / Witting, Christian (Hg): Das TeamerHandBuch. Für Ehrenamtliche in der Konfirmandenarbeit, Gütersloh 2004.

Knoll, Jörg: Kleingruppenmethoden. Effektive Gruppenarbeit in Kursen, Seminaren, Trainings und Tagungen, Weinheim und Basel 1993.

Lipp, Ulrich / Will, Herrmann: Das große Workshop-Buch, Weinheim und Basel 1996.

Niehl, Franz W./Thömmes, Arthur: 212 Methoden für den Religionsunterricht, München 1998.

Klippert, Heinz: Methodentraining, Weinheim und Basel 2004.

Hartmann, Martin u.a.: Gekonnt moderieren, Weinheim und Basel 2000.

ptz Stuttgart: Konfirmandenarbeit im Team – Arbeitsmaterial für die Ausbildung von Vikaren und Vikarinnen, Stuttgart 2003.

1.9 Kleingruppen anleiten und moderieren, Teil 3: Zur Werkstattgottesdienstgestaltung – ein Kurzseminar

Karin Schlenker-Gutbrod

I. Ziele

Die Teilnehmenden sollen lernen, wie sie mit Konfirmandinnen und Konfirmanden in Kleingruppen Werkstattgottesdienste vorbereiten und durchführen können.

II. Hinführende Gedanken

Siehe Module: »Kleingruppen anleiten und moderieren, Teil 1 und 2«

III. Ablaufplan der Schulungseinheit

Zeit	Nr.	Inhalt	Aktion	Material
	1.	Methoden für die Kleingruppenarbeit		
15 Min.	1.1	Reflexion der eigenen Konfizeit: Erfahrungen mit selbstgestalteten Gottesdiensten	Murmelgruppen Brainstorming im Plenum	Flip, Stift
5 Min.	1.2	Erschließungsmethoden und Darstellungsmethoden	Erinnerung an die Mindmaps aus dem Modul: Kleingruppen leiten, Teil 2	Pinnwand Braunpapier, M1
	2.	Erarbeitung eines Werkstattgottesdienstes		
15 Min.	2.1	Einführung in die Arbeitsgruppen	Plenum: Einführung in Arbeitsauftrag (M2)	Arbeitsaufträge (M2)
30 Min.	2.2	Die Gottesdienstvorbereitungsgruppen planen; Ablaufplan für eine Kleingruppe erstellen	Arbeitsgruppen	Flip, Stifte, versch. Räume

30 Min.	2.3	Vorbereitung für einen Werkstattgottesdienst: Ablaufplan von 2.2 durchführen	Arbeitsgruppen	Deko-Material
20 Min.		Pause		
15 Min.	2.4	Ergebnisse aus den Vorbereitungsgruppen zum Werkstattgottesdienst	Plenum Kleingruppenergebnisse präsentieren, pro Gruppe ca. sechs Minuten	
15 Min.	2.5	Feedback zur Präsentation der Ergebnisse	Plenum	
	3.	Abschluss der Trainingseinheit		
15 Min.	3.1	Offene Fragen, Zusammenfassung, Reflexion: das Besondere an Gottesdiensten	Plenum: Blitzlichtrunde	
10 Min.	3.2	Feedback der TN		

Zeitbedarf: 2 Stunden, 50 Minuten

IV. Beispiele aus dem Verlaufsplan

Zu 2.1: Erarbeitung eines Werkstattgottesdienstes – Einführung in die Arbeitsgruppen

Impuls: *Stellt euch vor, ihr sollt mit euren Konfis einen Werkstattgottesdienst vorbereiten. Der Bibeltext zum Konfigottesdienst ist: Mt 26,69–75, Die Verleugnung des Petrus.*
In einer Konfistunde habt ihr euch schon mit dem Bibeltext beschäftig und ihn erschlossen, nun wollt ihr dazu einen Gottesdienst gemeinsam gestalten.
Der Gottesdienst wird in Kleingruppen vorbereitet. Jede der drei Kleingruppen hat 30 Minuten Zeit, danach wird der Gottesdienst zusammen gefeiert.

Alle Teilnehmenden verteilen sich in drei Arbeitsgruppen mit mind. vier Personen.
Kleingruppe 1: Dekoration/evtl. Altarbild.

Kleingruppe 2: Theaterszene.
Kleingruppe 3: Gebetsstationen.

Nun ist die Aufgabe für euch Konfiteamer: Wie leitest du deine Kleingruppe an, damit sie z. B. wirklich Gebetsstationen gestalten oder definitiv eine Theaterszene spielt. Wie motivierst du sie? Wie viel gibst du vor?

Bereitet einen konkreten schriftlichen Ablaufplan für ca. 30 Minuten in der Kleingruppe vor zu folgenden Fragen:
- *Wie stellst du den Konfis vor, welchen Arbeitsauftrag ihre Kleingruppe hat?*
- *Erwartungsvoll blicken alle auf dich. Welche »Anweisung« gibst du zuerst?*
- *Welche Methode setzt du ein, um mit deiner Kleingruppe »Ideen zu spinnen«?*
- *Wie bringst du die Gruppe dazu, sich zu entscheiden, was sie nun definitiv im Gottesdienst macht bzw. für den Gottesdienst vorbereitet?*
- *Wie gestaltest du die Ausführungszeit (Gebetsstationen gestalten, Theaterszene einüben)?*
- *Wie beendest du die Vorbereitungszeit in der Kleingruppe?*

Die Arbeitsgruppen haben 30 Minuten Zeit, den Ablaufplan zu entwickeln.
Jede Konfiteamer-Arbeitsgruppe soll einen Experten/eine Person Mister X bestimmen, die den gerade entwickelten Ablauf mit einer anderen Konfiteamer-Arbeitsgruppe durchführt. Mister X schreibt den Ablaufplan mit.
Die Bildung der Arbeitsgruppen erfolgt freiwillig.
Die Personenzahl in den Arbeitsgruppen sollte jedoch einigermaßen gleich sein, mind. drei, max. sechs Personen. Positiv wäre hier: Jede Arbeitsgruppe erhält einen eigenen Arbeitsraum.

Zu 2.2: Die Gottesdienstvorbereitungsgruppen planen – Ablaufplan für eine Kleingruppe erstellen

Arbeitsgruppen mit ca. vier Personen; Arbeitsauftrag: 30 Min. Ablaufplan für eine Kleingruppe erstellen.
Jede Arbeitsgruppe bestimmt einen Experten (Mister X), der den gerade erstellten Ablaufplan mit einer anderen Arbeitsgruppe durchführt.

Zu 2.3: Vorbereitung für einen Werkstattgottesdienst

Arbeitsgruppen

Jede Konfiteamer-Arbeitsgruppe führt einen Ablaufplan einer anderen Arbeitsgruppe durch und wird dabei von einer Leitungsperson Mister X angeleitet. Ziel der Kleingruppe ist es, die Aufgabe für den Werkstattgottesdienst zu gestalten (Gebetsstationen, Altarbild, Theaterszene).

Foto © bei der Autorin

Foto © bei der Autorin

Die weiteren Arbeitsschritte sowie die vollständigen Erläuterungen zum Verlaufsplan finden sich in ausführlicher Form auf der beiliegenden CD-ROM.

V. Schlussbemerkungen

Was noch erwähnenswert ist

Der Fortbilder/die Fortbilderin sollte eigene Erfahrungen in der Vorbereitung und Durchführung von Werkstattgottesdiensten haben.

Setting/Rahmenbedingungen

Als Vorbereitung dienen die Module: »Kleingruppen anleiten und moderieren, Teil 1 und 2«.

Die Durchführung des Moduls erfordert einen Raum mit viel Platz:
- Stuhlhalbkreis mit Sicht auf Pinnwand und Flipchart.
- Die Arbeitsgruppen (2.2 – 2.3) benötigen jeweils einen eigenen Arbeitsraum und für Präsentationen (Gebetsstationen, Theaterszene, Altarbild) viel Platz.

1.10 Einen Konfirmandentag am Beispiel der »Zehn Gebote« vorbereiten und durchführen – ein Tagesseminar

Karin Schlenker-Gutbrod

I. Ziele

Am Beispiel der Planung eines Konfitages zum Thema »Zehn Gebote« sollen die Teilnehmenden lernen und reflektieren, wie sie generell einen Konfirmandentag vorbereiten und durchführen können.
Die Teilnehmenden erfahren einen Modell-Ablauf einer Teamvorbereitungssitzung für einen Konfitag.
Sie kennen die einzelnen Elemente, die an einem Konfitag vorkommen und wichtig sind.
Sie erleben einige inhaltliche Bausteine zum Thema »Zehn Gebote« und können diese in die Planung des Konfitages einbauen.
Sie bekommen einen Überblick über KA-Literatur mit konkreten methodischen Entwürfen, die speziell für eine Konfirmandenarbeit im Team geeignet sind.

II. Hinführende Gedanken

1. Zum Thema Konfirmandentag

Ein gemeinsam erlebter Konfirmandentag unterstützt die Intensität der Prozesse für Gruppe und Themen. Er löst eine ganz andere Dynamik aus als der »normale« Mittwochnachmittag. Dabei ist er weit mehr als die Summe der Nachmittage. Denn für die Intensität der Gruppenprozesse und die angestrebten (auch geistlichen) Erfahrungen braucht es Zeit.

- Methodenvielfalt
  Losgelöst vom 45-Minuten-Rhythmus werden methodisch vielfältigere und kreative Formen möglich oder sogar nötig, die ein Thema auf ganz andere Weise entfalten können (Spiel, Aktion, Produktion).

- Gemeinsame Erlebnisse
  Die Konfirmandengruppe braucht auch die Zeit, um sich als »Gruppe« zu

erleben. Dabei können In-/Outdoor-Erlebnisse auch thematisch verknüpft werden (Rallye, Nachtwanderung mit liturgischem Abschluss).

- Beziehungen knüpfen
  Die unterschiedlichsten Personen einer Gruppe (wie die Leitung) entpuppen sich u. U. von einer ganz anderen Seite als im »normalen« Unterricht, wenn z. B. miteinander gekocht oder gegessen wird. Das stärkt die persönlichen Beziehungen sowohl unter den Konfirmandinnen und Konfirmanden wie zur Leitung/zum Team. Und eine gute Beziehungsebene (Klima, Atmosphäre) ist wiederum von entscheidender Bedeutung für den Lernprozess.

- Spiritualität einüben
  Der Großteil der Konfirmandinnen und Konfirmanden erlebt in der Regel keine christliche Praxisgestaltung. Ein Konfitag bietet günstige Rahmenbedingungen, bewusst mit der Fremdheit von christlicher Lebenspraxis im Alltagskontext konfrontiert zu werden. Es ist wie ein »Probewohnen in der fremden Heimat Kirche« (Liturgische Formen: Andacht, Tischgebet, Bibel lesen, Stillephasen, Gottesdienst vorbereiten).

- Ehrenamtliche als Gemeinde-Bildung
  Der Konfitag schafft meistens überhaupt erst die Voraussetzung, dass Ehrenamtliche sich beteiligen können. Sie prägen das Bild von Gemeinde und zeigen den Jugendlichen, dass Kirche mehr als Pfarrer und Pfarrerin ist. Ehrenamtliche haben zu vielen Themen nochmals einen anderen Zugang, der für Jugendliche deshalb spannend ist, weil er nicht von »Berufschristen« kommt. Oft fungieren sie auch als Vertrauenspersonen für die Jugendlichen. Zugleich ist es eine Wertschätzung der Konfiarbeit, wenn Ehrenamtliche mitarbeiten.

- Inklusion
  Ein Konfitag hat i. d. R. bessere Voraussetzungen Jugendliche mit Handicaps in die Konfirmandenarbeit zu integrieren, durch die methodische Vielfalt und der Beteiligung von Ehrenamtlichen.

- Die Chance des »dritten Ortes«
  Neben Lebensraum Schule und Familie kann durch einen gemeinsam ver-

brachten Tag die Bedeutung der Kirche für die Jugendlichen gestärkt werden. Den vertrauten Ort (Gemeindehaus) zu wechseln kann manches Mal auch von Vorteil sein.

– Nicht alles verplanen
  Ein gemeinsam verbrachter Tag braucht einen guten Rhythmus von Anspannung und Entspannung, Konzentration und Entlastung.
  Neben der formellen Gruppe, die ein bestimmtes Ziel verfolgt, gibt ein Konfirmandentag Gelegenheit für die »informelle Gruppe«, die sich zwanglos und »ungeplant« begegnen kann. Dabei spielen die Pausen eine wichtige Rolle (Spiel, Sport, Gespräche).

2. Zum Thema »Zehn Gebote«

Jugendliche wachsen in einer pluralistischen Welt auf, in der sie Normen und Werte nicht mehr ungefragt aus der Tradition übernehmen können. Alte und neue Werte stehen gleichzeitig und nebeneinander da. Jugendliche müssen (!) ihre eigene Werte und Normen selbst entwickeln und nach diesen leben und handeln.
Die Frage: »Was tut man?« ist der Frage gewichen: »Was willst du tun?«
Traditionelle Wertekanons werden nicht mehr als Lebensnormen, an denen man sich abarbeiten muss, angesehen und kommuniziert, sondern als großes »Stofflager«, aus denen man das für sich passende Werte- und Normenkostüm schneidert (G. Schulze).
Dies führt zu unterschiedlichen Wertehierarchien und großen Wertespannungen.
Die Gebote sind apodiktisches Recht und richten sich zunächst nicht an Kinder, sondern an Erwachsene. Sie sind Stammesregeln (Verhaltenskodex für die Sippschaft) und dienen dem Schutz der Schwachen. Sie wurzeln im Vertrauen auf die Gerechtigkeit Gottes mit seinem Volk (»herausgeführt aus Ägypten …«).

Für das Zusammenleben der Menschen ist es notwendig, dass es Verhaltensregeln gibt, die die Beziehungen der Menschen schützen. Die Gebote verlangen nicht blinden Gehorsam, sondern setzen die Beziehung (zu Gott) voraus,

dem die Gebote »entsprechen«. Gott hat die Welt nicht nur erschaffen, er erhält sie auch durch das Gesetz.
Jugendliche sind auf der Suche nach einem eigenen Wertekodex. Sie lösen sich gerade von Autoritäten und suchen eigene Werte. Sie orientieren sich in ihrem Handeln nicht an feststehenden Geboten, sondern handeln nach Regeln, die sie:

- in ihrem Umfeld kennen gelernt haben (Peergroup).
- bei Personen beobachtet haben (Vorbilder).
- die ihnen subjektiv einleuchten (Plausibilität).

Anfrage: Wie können die Gebote nicht als Einschränkung, sondern als Orientierung und Strukturierung des Lebens verstanden werden?
Welche Rolle spielen da die Unterrichtenden?
Es geht nicht um Weitergabe (Gehorsamsaufforderung) oder die Gebote als moralisches Druckmittel zu benützen, sondern darum Gebote/Werte biografisch zu verankern:
a) Position zu beziehen,
b) über eigenes Handeln nachzudenken,
c) exemplarisches Erproben.

III. Ablaufplan der Schulungseinheit

Tagesseminar (besser zwei Abende)

Zeit	Nr	Inhalt	Aktion	Material
	1.	Einen Konfirmandentag im Team planen und vorbereiten		
7 Min.	1.1	Der Anfang in einer Teambesprechung	Begrüßung und liturgischer Anfang	Gitarre, Lied
10 Min.	1.2	Einstieg in das Thema: Einführung in Teamsitzungselemente		Arbeitsblatt: »Vorbereitungsteamsitzung Konfitag« (M1)

10 Min.	1.3	Warming-up (für Teamsitzung)	Memory-Spiel mit Fragen zu den Zehn Geboten	Memory-Karten, CD-Player, Musik-CD, Zehn Gebote (M2)
15 Min.	1.4	Brainstorming zum Thema des Konfitages: »Zehn Gebote«	Brainstorming in Kleingruppen mit ca. drei Personen	Pro Gruppe: Plakat und Eddings
6 Min.	1.5	Vertiefung zum Thema des Konfitages: »Zehn Gebote«	Minddrop	Minddrop (M3)
15 Min.	1.6	Thematische Schwerpunkte setzen. Welche Aspekte sind für die Konfis wichtig zum Thema »Zehn Gebote«?	Dieselben Kleingruppen (wie 1.4)	
10 Min.	1.7	Sichtung von Arbeitshilfen Konfiarbeit im Team	Vorstellung der Literaturliste	Literatur-liste (M4)
15 Min.		Pause		
	2.	Die einzelnen Elemente eines Konfirmandentages		
7 Min.	2.1	Einstieg in das Thema: Die einzelnen Elemente eines Konfirmandentages	Einsicht in das Arbeitsblatt »Elemente eines Konfitages«	Arbeitsblatt (M5)
5 Min.	2.2	Folgende Konfitags-Elemente sollen in Gruppen zum Thema »Zehn Gebote« erarbeitet werden 1. Liturgischer Anfang 2. Warming-up 3. Spielerische Zugänge zum Thema »Zehn Gebote« 4. Workshops zum Thema »Zehn Gebote«	Einführung in die Gruppenarbeit, Gruppeneinteilung	schriftlicher Arbeits-auftrag für Kleingruppen (M6)

20 Min.	2.3	Jede Gruppe entwickelt Ideen, entscheidet sich für eine Aktion, die sie im Plenum mit allen durchführt.	Gruppenarbeit	Pro Kleingruppe ein Raum
Ca. 25 Min.	2.4	Präsentation der Kleingruppen: jede Gruppe führt ihr Element mit allen Teilnehmenden der Gesamtgruppe durch	Präsentation der Kleingruppen im Plenum: Pro Gruppe max. vier bis zehn Minuten	
15 Min.		Pause		
	3.	Input im Plenum: Methodische Bausteine zum Thema des Konfisamstages »Zehn Gebote« (M7a)		
8 Min.	3.1	Kennenlernen der Gebote	Die Tiki-Karikaturen werden beschrieben	Tiki-Bilder auf Folie (M7b)
10 Min.	3.2	Auseinandersetzung mit der Zehnzahl als Symbol für Ganzheit	Meditative Übung	Hand-Meditation zu den »Zehn Geboten« (M7c)
8 Min.	3.3.	Einführung in den Umgang mit der Zeit; Spiel zur Selbst- und Fremdwahrnehmung	Spiel: alle stehen auf einer Seite und müssen auf die gegenüberliegende Seite; drei Regeln gelten.	
8 Min.	3.4	Tagesplan – Wie viel Zeit habe ich für Gott?	Einzelarbeit	Ein Tag im Leben … (M7d)
15 Min.	3.5	Absprachen sind nötig: Reflexion	Oligo-Spiel mit Auswertung	Teppichfliesen
4 Min.	3.6	Die »Zehn Gebote« – meine persönliche Hitliste	Einzelarbeit	einzelne Gebote als Kopien (M2)

8 Min.			anschließend Kleingruppen	Klebestifte und Scheren, leere Blätter
12 Min.	3.7	Die »Zehn Gebote« – unsere persönliche Hitliste	Präsentation im Plenum	Einzelne Gebote auf Folienstreifen
5 Min.	3.8	Die Gründe für die biblische Reihenfolge	Impuls	
10 Min.	3.9	Rückfragen zu den erlebten Bausteinen 3.1 – 3.8	Plenum	
		Hier könnte man das Trainingsmodul teilen!		
15 Min.	4.	Kurzeinführung in die Lernstraße »Zehn Gebote«		
10 Min.	4.1	Rückfragen		
20 Min.		Pause		
	5.	Das Programm festlegen für den Konfirmandentag		
8 Min.	5.1	Das Programm festlegen: Schwerpunkte setzen, Auswahl treffen; zurück in die Ebene: Teambesprechung (M1 Punkt 6)	Teambesprechung Punkt 6: Methodisch-didaktische Schwerpunkte – Einführung in Gruppenarbeit	Arbeitsblatt (M1)
15 Min.	5.2	Die thematischen Schwerpunkte am Vormittag und am Nachmittag festlegen	Kleingruppenarbeit, Schwerpunkte auf Plakat schreiben	Flip und Edding
5 Min.	5.3	Der Ablauf eines Konfirmandentages	Einsicht in das Arbeitsblatt »Ablaufplan Konfitag«	Arbeitsblatt (M8)
15 Min.	5.4	Detaillierter Ablauf des Konfitages zum Thema: »Zehn Gebote« festlegen	Dieselben Kleingruppen (wie 5.2); M8 ausfüllen	
10 Min.	5.5	Teambesprechung – Organisatorisches – Aufgaben verteilen	Arbeitsblatt M1: Teambesprechung Punkte 8 – 12	

		– Fragen und Absprachen – Rückblick auf Teamsitzung – Gemeinsames Ende (Ebene Teambesprechung)		
10 Min.	5.6	Was passiert nach der Teambesprechung? Rahmenbedingungen	Arbeitsblatt M1: (II. Nach der Teambesprechung; III. Rahmenbedingungen)	
10 Min.	5.7	Rückfragen		
10 Min.		PAUSE		
10 Min.	6.	Ziel, Gesamtbild und Dynamik eines Konfirmandentages	Minddrop	Minddrop (M9)
10 Min.	6.1	Rückfragen		
12 Min.	7.	Feedback der Schulungseinheit		Kleine Truhe, Tonscherben
8 Min.	8.	Liturgisches Ritual (zum Abschluss)		

Zeitbedarf: 7 Stunden (ohne längere Pausen)

Die Zeitangaben gehen von ca. zwölf Teilnehmenden aus.

IV. Beispiele aus dem Verlaufsplan

Zu 2.1: Einstieg in das Thema: Die einzelnen Elemente eines Konfirmandentages

(Arbeitsblatt M5 für alle kopieren.) Das Leitungsteam führt die Gruppe in die einzelnen Elemente des Tages ein.

M5: Die einzelnen Elemente eines Konfirmandentages

Bevor es richtig mit den Konfirmand/innen losgeht:
Das Team trifft sich (Material bereitstellen, letzte Absprachen, liturgischer Beginn im Team).

I. Ankommen – Warmwerden
1. Die Teilnehmenden kommen an (Was tun sie?)
2. Begrüßung
3. Liturgischer Anfang
4. Warming-up

II. Das Thema – die inhaltliche Einheit
5. Einführung ins Thema
   Spielerische Zugänge
6. KU-Einheit Input
7. Kleingruppen
8. Kurze Pausen am Vormittag

III. Das Essen – die Pause
9. Essen vorbereiten/Tische eindecken: Wo?/Spülen und Aufräumen
10. Das Essen gestalten
11. Mittags-Pause (Was könnten die Konfirmand/innen aktiv tun?)

IV. Der Start in den Nachmittag
12. Mittagsloch-Überwinder: Warming-up

V. Die Nachmittagsgestaltung
13. Einführung in die inhaltliche Einheit am Nachmittag (KU-Einheit)
14. Thematische Spiele/Spieleblöcke/Hausspiele/Geländespiele
15. Workshops oder Arbeit-Gruppen
    Konfirmand/innen können eigentätig kreativ werden und ihre Gaben einbringen.
    Evtl. Gottesdienst-Vorbereitung; kreative Workshops, Jugendarbeit bietet Workshops an.

VI. Der Abschluss
16. Feedback
17. Liturgischer Abschluss und Ende des Tages

Das Team bleibt noch. Team-Feedback, Aufräumen und gemeinsamer Abschluss. Nicht jedes Element muss bei jedem Konfirmandentag vorkommen.

Zu 2.2: Einführung in die Gruppenarbeit

(M6 Arbeitsauftrag für jede Kleingruppe einmal kopieren)

Kleingruppen Arbeitsauftrag
Impuls:
Erarbeitet nun in einer Kleingruppe praktische Ideen zu einem Konfitags-Element. Ihr könnt aus den folgenden vier Konfitagselementen auswählen:

- *Liturgischer Anfang zum Thema »Zehn Gebote«.*
- *Warming-up zum Thema »Zehn Gebote«.*
- *Spielerische Zugänge zum Thema »Zehn Gebote«.*
- *Workshops zur Vertiefung des Themas »Zehn Gebote«.*

Die Aufgaben der Kleingruppe sind:

a) Welche Ideen fallen euch zu eurem Konfitags-Element ein?
b) Entscheidet euch für eine Idee.
c) Präsentiert diese Idee nachher im Plenum, bezieht die Gesamtgruppe mit ein. Die Präsentation, bzw. Aktion sollte mind. vier bez. max. zehn Minuten dauern.
d) Ihr habt insgesamt 20 Minuten Zeit in der Kleingruppe.

Ca. drei bis vier Personen bilden eine Kleingruppe, es sollten jedoch mindestens drei Kleingruppen zustande kommen. Je nach Anzahl der Kleingruppen wird aus den Themen ausgewählt.
Es sollen Ideen zu folgenden Konfisamstags-Elementen in Gruppen erarbeitet werden:

- Liturgischer Anfang,
- Warming-up,
- spielerische Zugänge zum Thema »Zehn Gebote«,
- und Workshops zur Vertiefung des Themas.

Falls Zeit bleibt, könnte sich eine 2. Runde anschließen zu folgenden Elementen:

- Die Mittagspause – Was können die Konfis selbst tun?
- Das Gestalten des gemeinsamen Essens.
- Workshops, die von der Jugendarbeit angeboten werden.
- Workshops zur Vorbereitung eines Gottesdienstes mit den Konfirmandinnen und Kofirmanden.

Beispiel: Spielerischer Zugang zu den »Zehn Geboten«
Bewegungsspiel: Oligo-Spiel zum Thema: »Absprachen sind nötig«
Material: zweifarbige Teppichfliesen (im Notfall auch zweifarbige DIN-A3-Blätter)

Für dieses Bewegungsspiel wird ein großer Raum oder viel ebenerdiger Platz im Freien benötigt. Fünf Personen bilden eine Kette, indem sie sich an den Händen fassen. Auf dem Boden liegen zweierlei Fußmatten. Die einen dürfen nur mit dem rechten, die anderen nur mit dem linken Fuß betreten werden. Die Kette muss nun ohne zu reißen über die Fußmatten zur anderen Uferseite gelangen – es darf je nur ein Fuß auf eine Matte und kein Fuß der Gruppe neben die Matten – sonst muss die Kette wieder von vorne anfangen.

Foto © Evang. Jugendwerk in Württemberg

Ziel ist es, als Gruppe auf die andere Seite zu gelangen. Die Erfahrung zeigt, dass für diese schwierige Aufgabe Absprachen nötig sind.

Zu 7: Feedback

Impuls: *Am Ende dieser Schulungseinheit zum Thema »Einen Konfitag planen und durchführen« interessiert uns als Durchführende, was ihr von dieser Schulung mitnehmt und was ihr uns mitgeben möchtet.*

Die »Zehn Gebote« waren in einer Truhe aufbewahrt und begleiteten so das Volk Israel auf seinem Weg. Es steht hier in der Mitte symbolisch eine Truhe. Die Truhe steht für den Satz: Aus dieser Schulungseinheit nehme ich mit … oder … wird mich begleiten.

Und dann liegen hier Tonscherben. (Mose zerbrach die »Zehn Gebote«, weil er wütend über sein Volk war, als er sie beim Tanz um das Kalb sah.) Die Tonscherben stehen für den Satz: Das

fand ich nicht gut, das lasse ich hier, das müsst ihr noch mal überdenken, heil machen, also bei einem nächsten Mal anders machen.
Was nehmt ihr in der Truhe mit? Was legt ihr auf den Scherbenhaufen?
Eure zwei Sätze könnten jeweils beginnen mit:
Ich nehme mit … Ich lasse hier …

Die weiteren Arbeitsschritte sowie die vollständigen Erläuterungen zum Verlaufsplan finden sich in ausführlicher Form auf der beiliegenden CD-ROM.

V. Schlussbemerkungen

Was noch erwähnenswert ist

Es ist vorteilhaft, das Trainingsmodul nicht an einem Tag komplett durchzuführen, sondern in zwei Abschnitte zu teilen (Punkte 1–3 = ca. 4 Stunden; Punkte 4–8 = ca. 3 Stunden).

Setting/Rahmenbedingungen

Das Modul kann für sich alleine stehen, besondere Vorkenntnisse sind nicht erforderlich.
Der Raum sollte so groß sein, dass alle Kleingruppen problemlos im selben Raum tagen können. Optimal wäre es, wenn der Raum so groß ist, dass auf der einen Hälfte ein Stuhlkreis platziert ist und die andere Hälfte für Übungen und Kleingruppen frei ist. Wenn die Lernstraße gezeigt wird, sollte diese in einem separaten Raum aufgebaut werden.

Literatur

Pädagogisch Theologisches Zentrum Stuttgart (Hg): Anknüpfen. Praxisideen für die Konfirmandenarbeit, Stuttgart 2005.
Mokrosch, Reinhold: Wertehaltungen Jugendlicher heute, in: Ethik und Unterricht 1/1995.
Schulze, Gerhard: Die Erlebnisgesellschaft, Frankfurt 1993.
13. Shell Jugendstudie 2000, Bd. I, Opladen 2000.
Küstenmacher, Werner Tiki: Wo ist der verlorene Sohn? München 1986.

1.11 Teamtraining – ein Wochenendseminar

Heinz Adler

I. Ziele

Teams müssen, um erfolgreich miteinander arbeiten zu können, immer wieder sich ihres »Team-Seins« vergewissern, den Stand des Teamprozesses überprüfen, das Verhältnis von Leitung und Team und das Verhältnis der Teamer untereinander neu justieren – also sich aufeinander einstellen.
Das Teamtrainingsmodul eignet sich für Teams:
- die sich neu gefunden haben,
- die durch neu hinzugekommene Teamer eine neue Zusammensetzung haben,
- die nach längerer Zusammenarbeit sich neu ausrichten und vergewissern wollen.

Ziel des Seminars: Die TN haben gemeinsam ein Teambewusstsein und eine sensibilisierte Teamwahrnehmung entwickelt, Kommunikation miteinander geübt, sich als Team für ihre Arbeit neu justiert und sich dabei besser kennen gelernt.

II. Hinführende Gedanken

Konfirmandenarbeit im Team setzt Teamfähigkeit voraus oder sie muss erarbeitet werden. Teamfähigkeit ist keine selbstständige Eigenschaft, sondern sie setzt sich zusammen aus Vertrauen, Hilfsbereitschaft, sozialer Sensibilität, kultureller Kompetenz, Toleranz, Selbstachtung und einem gewissen Maß an Selbstwahrnehmung und Reflexionsfähigkeit. Die Entwicklung unserer Gesellschaft zeigt deutliche Tendenzen hin zu ausgeprägtem Konkurrenzverhalten, Egoismus und nur noch bedingt sozialem Verhalten. All das fördert Teamfähigkeit wenig. Deshalb muss Teamfähigkeit eigens gelernt werden und ist – nicht nur nebenbei – auch ein wichtiges Lernziel für die Konfirmandinnen und Konfirmanden. Die Vorbildfunktion eines Teams darf, vor allem aus Sicht der Konfirmandinnen und Konfirmanden, nicht unterschätzt werden.
Teamfähigkeit wird als Wert heute hoch gehandelt und angestrebt bzw. eingeklagt. Kooperation in einem Team bedeutet allerdings mehr, als nur mit

anderen in einer Gruppe zusammen zu sein. Für die Konstituierung eines Teams ist es notwendig, dass es eine gemeinsame Aufgabe gibt, dass es ein gemeinsames Ziel gibt, bei dem der Erfolg jedes Teammitgliedes vom Erfolg aller abhängt. All das ist in und mit der Konfirmandenarbeit gegeben. Teamtraining kann sinnvollerweise nicht als Theoretisieren, sondern nur im Vollzug geschehen, deshalb sind hier durchgängig Übungen vorgeschlagen, in denen die Einzelnen und das Team miteinander interagieren, um so zu einem Team zusammen zu wachsen.
Es versteht sich von selbst, dass die Übungen so auszuwählen sind, wie es der Gruppe und der Problemstellung entspricht; das gilt vor allem auch für die Auswertungsphasen, die der Gruppensituation – in Bezug auf Länge und Intensität – angepasst werden müssen. Das führt auch dazu, dass Pausen und Essenszeiten jeweils auf den Prozess der Gruppe angepasst werden müssen. Der Wochenendkurs ermöglicht auch, die Tage mit einem Morgen-, Mittags- und Abendritual zu rhythmisieren.

III. Ablaufplan der Schulungseinheit

Freitagabend

Zeit	Nr.	Inhalt	Aktion	Material
10 Min.	1.	Ankommen, da sein	Raumwahrnehmung	
20 Min.	2.	Sich kennen lernen, mich vorstellen, mich austauschen	TN lernen sich mit der Vorstellungsblume etwas mehr kennen.	Arbeitsblatt (M1) »Vorstellungsblume«, Stifte, Musik (Rekorder, CD)
45 Min.	3.	Beziehungen, in denen ich lebe und arbeite – ich stelle sie dar!	TN erarbeiten ein Plakat des Beziehungsgefüges, in dem sie leben und arbeiten	Große Zeichenblätter Eddings, Wachsmalkreide

30 Min.	4.	Mich öffnen, mich abgrenzen, mich vertreten, mich konfrontieren: Was leitet mich in der Gruppe und auch sonst?	Interaktionsübung zu den Verben	
45 Min.	5.	Raum geben – Raum nehmen: Ich probiere mich malend mit euch aus!	Interaktionsübung zur Zusammenarbeit	Plakate, Wachsmal-stifte oder Ölkreide

Zeitbedarf: 2 Stunden, 30 Minuten

Samstagvormittag

Zeit	Nr.	Inhalt	Aktion	Material
30 Min.	6.	Wie ich mich darstelle – mein Selbstbild und wie andere mich sehen	Reflexion und Austausch über Selbst- und Fremdwahrnehmung	Papier und Stifte
45 Min.	7.	Leitbilder, die mich prägten	Imaginationsübung und Austausch	
15 Min.	8.	Stuhlkippspiel	Interaktion zu Kooperation und Leitung	für jede/n TN ein Stuhl
45 Min.	9.	Metaphern für das Team	Durch Metaphern soll der Blick auf das Team geschärft werden.	Plakate, Eddings
15 Min.	10.	Integrationsreihe	Interaktion und Aufstellung zur Klärung der Integration in das Team	

Zeitbedarf: 2 Stunden, 30 Minuten

Samstagnachmittag

Zeit	Nr.	Inhalt	Aktion	Material
30 Min.	11.	Knoten knüpfen	Interaktion zum Probleme lösen	ein langes Seil, ein kurzes Seil

45 Min.	12.	Teamziele klären	Erarbeitung von Teamzielen	vorbereitete Plakate, Eddings
45 Min.	13.	Die Konfirmandinnen und Konfirmanden und meine Rolle	Metaphernübung	zwei Moderationsbögen, Eddings
30 Min.	14.	Polarexpedition – stumm	Interaktionsübung	ein bis zwei Tische, Stühle, zwei mehr als TN

Zeitbedarf: 2 Stunden, 30 Minuten

Samstagabend

Zeit	Nr.	Inhalt	Aktion	Material
60 Min.	15.	Welche Werte?	Abklärung der vertretenen Werte in der Gruppe	Arbeitsblatt »Welche Werte« (M2)
60 Min.	16.	Regeln und Absprachen: Was soll unter uns gelten?	Kartenabfrage	Moderationskarten, Eddings

Zeitbedarf: 2 Stunden

Sonntagvormittag

Zeit	Nr.	Inhalt	Aktion	Material
45 Min.	17.	Ein lebensprägendes Wort	Reflexion über den Glauben	schwarzes Tonpapier, Jaxonkreide, Ölkreide
30 Min.	18.	Der Baum ist das Ziel – oder Sandsturm in der Sahara	Interaktion – Vertrauensübung	Augenbinden
15 Min.	19.	Diffizile Aufgabe	Vertrauens- und Wahrnehmungsübung	Augenbinden
30 Min.	20.	Werte klären – Differenzen wahrnehmen	Kugellagerübung	Arbeitsblätter »Werte« (M3)

30 Min.	21.	Sensibilisieren für Kommunikation	Spiegelbild – Malaktion	Blätter, Stifte, Vorlagen zum Zeichnen
30 Min.	22.	Feedbackrunde	Koffer und Papierkorb	ein Koffer, ein Papierkorb

Zeitbedarf: 3 Stunden

IV. Beispiele aus dem Verlaufsplan

Zu 3: Beziehungen, in denen ich lebe und arbeite – ich stelle sie dar!

Jede/r TN soll ein Plakat gestalten, auf dem das Beziehungsgefüge deutlich wird, in dem er/sie lebt und arbeitet.
Impuls: *Wir sind nicht nur Mitarbeiterinnen und Mitarbeiter im KU, sondern wir leben auch noch in ganz anderen Zusammenhängen und Beziehungen. Darüber wollen wir uns gegenseitig etwas ins Bild setzen mit der folgenden Übung. Bitte nehmt einen Bogen Papier (Flipchartbogen) und Wachsmalstifte und gestaltet ein Plakat zu dem Thema: Beziehungen, in denen ich lebe und arbeite! Ihr habt dazu 15 Minuten Zeit.*

Nach Ablauf der Malaktion: *Bitte kommt in Fünfer-Gruppen zusammen und stellt euch euere Arbeiten vor. Dabei soll einer/eine sein/ihr Bild in die Mitte legen und die anderen vier Gruppenmitglieder beginnen: Was nehmen wir wahr? Erst danach soll der Künstler zu seinem eigenen Bild Stellung nehmen. Ihr habt dazu 30 Minuten Zeit.*

Ausstellung der Bilder im Plenum. Die Bilder werden an den Wänden aufgehängt und jeder Künstler/jede Künstlerin soll für ihr Bild einen Titel schreiben und den Namen. Alle TN machen nun einen Rundgang und sehen sich die Kunstwerke an. Nachfragen beim Künstler sind erlaubt.

Zu 8: Stuhlkippspiel

In diesem Spiel geht es um Kooperation und Problemlösungen durch die Gruppe – aber es hat auch einen Auflockerungseffekt. Stuhlkreis: Alle TN stellen sich hinter einen Stuhl, fassen die Lehne des Stuhles mit der linken Hand und kippen den Stuhl nach vorne zum Mittelpunkt des Kreises, so dass der Stuhl nur auf den beiden Vorderfüßen steht. Alle drehen sich um 90 Grad nach rechts und halten den Stuhl weiterhin mit der linken Hand ausbalanciert. Die

Aufgabe besteht nun darin, dass alle TN den Stuhlkreis im Gegenuhrzeigersinn umrunden, ohne dass ein Stuhl wieder auf alle vier Füße fällt oder umstürzt. Dabei darf jeweils nur die linke Hand benutzt und nur jeweils ein Stuhl berührt werden. Wenn alle ihren Ausgangsstuhl erreicht haben, ist die Übung beendet. Fällt ein Stuhl um, oder berührt er mit allen Füßen den Boden, gehen alle an ihren Ursprungsstuhl und alles beginnt von vorne.

Auswertung: Folgende Fragen können bedacht werden:
- Welche positiven und negativen Effekte sind zu erwarten, wenn eine Gruppe mehrere oder keine Leitungsperson hat? Wann ist Leitung erforderlich?
- Wie gelingt Kooperation? Was ist dabei zu beachten?
- Wie geht man mit den »Sündenböcken« um, die kurz vor dem Ziel patzen, so dass alles von vorne beginnen muss?
- Wer hat wann die Leitung übernommen? Hat die Leitung gewechselt – und warum?

Fotos © beim Autor

Die weiteren Arbeitsschritte sowie die vollständigen Erläuterungen zum Verlaufsplan finden sich in ausführlicher Form auf der beiliegenden CD-ROM.

V. Schlussbemerkungen

Was noch erwähnenswert ist

Die Durchführung dieses Teamtrainings hat gezeigt, dass Teams sehr unterschiedlich sein können, vor allem, was das Maß an Gesprächsbedarf betrifft.

In Teams mit älteren Teammitgliedern konnten nicht alle Übungen durchgeführt werden, weil bei manchen Übungen das Gesprächsbedürfnis sehr hoch war. Welche Übungen sich eignen, hängt stark vom Team selbst ab, die Auswahl ist deshalb sehr gezielt zu treffen.
Das Training zielt darauf ab, bestimmte Kompetenzen der Teamer zu schulen, dies sind vor allem:

- *Personale Kompetenz:* Als Fähigkeit, sich selbst, andere Personen und Situationen einfühlsam wahrzunehmen und persönliche Einstellungen und Entscheidungen zu reflektieren.
- *Kommunikative Kompetenz:* Als Fähigkeit, eigene Erfahrungen und Vorstellungen diskursiv verständlich zu machen, anderen zuzuhören, Rückmeldungen an- und aufzunehmen und unterschiedliche Sichtweisen aufeinander zu beziehen und miteinander zu erörtern.
- *Soziale Kompetenz:* Als Fähigkeit, mit anderen rücksichtsvoll zusammenzuarbeiten und gemeinsam Problemlösungen zu erarbeiten. Und als Fähigkeit, Verantwortung zu übernehmen und Verantwortung delegieren zu können.
- *Leitungskompetenz:* Als Fähigkeit, Gruppenprozesse wahrzunehmen und zu reflektieren, sich selbst zu leiten und die eigene Rolle im Team und in der Konfi-Gruppe wahrzunehmen und bewusst zu gestalten.
- *Methodenkompetenz:* Die Übungen ermöglichen das Erleben bestimmter Methoden und führen so auch zu einem praktischen Methodenreservoir bei den TN.

Setting/Rahmenbedingungen

Der Raum sollte ausreichend groß sein, damit die Interaktionen möglich sind und sich immer wieder auch Kleingruppen bilden können. Die Interaktionsübungen sind nicht zu unterschätzen, sie sind keine Spiele, sondern kosten Kraft und Energie. Deshalb ist eine verantwortete Auswahl zu treffen und es muss auf ausreichende Pausen geachtet werden.

Literatur

Heckmair, Bernd: Konstruktiv lernen. Projekte und Szenarien für erlebnisintensive Seminare und Workshops, Weinheim und Basel 2000.
Vopel, Klaus W.: Teamfähig werden. Spiele und Interaktionen, Salzhausen 2000.

2. Module zu Themen in der Konfirmandenarbeit

2.1 Taufe: Wer sagt Ja zu mir? – ein Wochenendseminar

Heinz Adler

I. Ziele

»Getauft sein« ist im Bewusstsein der evangelischen Christen – neben »konfirmiert sein« – ein zentrales Merkmal ihres Christseins. Die Taufe wird bei der Konfirmation vorausgesetzt und geschichtlich verdankt sich die Konfirmation der Taufe als feierlicher Abschluss des nachgeholten Taufunterrichts. Das Seminar soll die Ehrenamtlichen mit der Theologie der Taufe bekannt machen und ihnen in verschiedenen Arbeitsschritten methodische Hilfestellung geben, damit sie das Thema Taufe im Konfirmandenunterricht durchführen können. Ziel des Seminars: Die Ehrenamtlichen kennen die wichtigsten geschichtlichen und theologischen Aspekte der Taufe und haben verschiedene Methoden zur Erarbeitung des Themas im Konfirmandenunterricht selbst erprobt.

II. Hinführende Gedanken

Es gibt im NT keine einheitliche Tauftheologie, dennoch machen alle Texte die zentrale Bedeutung der Taufe deutlich. Alle Texte gehen von der Heilstatsächlichkeit der Taufe aus: Mit der Taufe ereignet sich das Heil für den Menschen. Deshalb kann sie auch nicht wiederholt werden. Die Taufe ist das Primärdatum der christlichen Existenz; in der Taufe handelt Gott real-geschichtlich am Menschen. Die Taufe ist kein dem Menschen verfügbarer Akt, sondern was da geschieht, ist zuallererst Gottes Tat. Gott allein handelt im Taufgeschehen. Die Taufe ist der Ort/Akt, an dem das Leben des Glaubenden eine grundlegende Veränderung erfährt: Verleihung des Heiligen Geistes, Vergebung der Sünden, Versetztwerden in das Kraftfeld Gottes. Zwar ist anzunehmen, dass es in den urchristlichen Gemeinden nur die Erwachsenentaufe gab, weil Kinder in der Antike als nicht religionsmündig galten, aber die Form der Erwachsenentaufe ist an keiner Stelle Inhalt der Tauflehre, sie wird nicht zur Bedingung für den sachgemäßen Vollzug der Taufe gemacht, sondern sie stellt lediglich die kulturell gegebene Bedingung dar. Nicht menschliche Bedingungen oder Vorleistungen machen die Taufe aus, sondern allein das »Ja« Gottes zum Getauften. Dieses »Ja« Gottes ist unabhängig von Alter, Geschlecht, Nationalität oder vorheriger Religion. Insofern entspricht die Kindertaufe dem neutestamentlichen Taufverständnis, denn in ihr empfängt der Mensch ohne jede Vorleistung die Taufgnade, die nun das Leben des Menschen bestimmen wird. Ja gerade die Passivität ist die einzige dem Täufling angemessene Haltung, alle Aktivität in der Taufe geht von Gott aus. Dieses »Ja« Gottes nimmt das Fortbildungsmodul auf, in verschiedenen methodischen Schritten werden Texte und Aspekte der Taufe bearbeitet.

III. Ablaufplan der Schulungseinheit

Freitagabend

Zeit	Nr.	Inhalt	Aktion	Material
20 Min.	1.	Ankommen: Wer bin ich und wie sieht meine Verbindung zum KU aus?	Vorstellungsrunde im Plenum	
20 Min.		Technika klären	Infos zu Tagesablauf und Zeiten und zum Seminarprogramm	Seminarprogramm auf Flipchart
30 Min.	2.	Vertiefende Vorstellung der Teilnehmenden durch ein Namenskreuz	Einzelarbeit – Erstellen eines Namenskreuzes, Vorstellen im Plenum	Kartons Eddings
30 Min.	3.	Wasser – Symbol der Taufe	Stichwortsammlung auf Plakaten zum Thema »Wasser«	Kassette mit Wasser-Geräuschen, zwei Plakate mit Text
20 Min.	4.	Tagesausklang	Meditation »Ich habe dich bei deinem Namen gerufen, du bist mein!« (Jes 43,1)	Meditations-Anleitung

Zeitbedarf: 2 Stunden

Samstagvormittag

Zeit	Nr.	Inhalt	Aktion	Material
10 Min.	5.	Reste von gestern	Plenumsrunde	
50 Min.	6.	Taufe theologisch	Kurzreferat, Aussprache und Nachfragen	Visualisierung (M1)
120 Min.	7.	Zu verschiedenen biblischen Geschichten, die mit Wasser zu tun haben, werden Tonreliefs hergestellt. Zur Einstimmung dient ein Relief von Josef Krautwald, Rheine.	Gestalten von Reliefs aus Ton	Texte der Geschichten in DIN A3, Bild (M2), Ton, Modellier-Spatel

Zeitbedarf: 3 Stunden

Samstagnachmittag

Zeit	Nr.	Inhalt	Aktion	Material
45 Min.	8.	Die hergestellten Werke werden gewürdigt und die Arbeit reflektiert.	Vernissage der Reliefs und Gespräch über die Werke	
30 Min.	9.	Jesu Zuwendung zu den Menschen wahrnehmen anhand des Bildes von Otto Pankok: »Lasset die Kindlein zu mir kommen«	Bildbetrachtung und Konfrontation mit Mk 10,13–16	Otto Pankok (M3) auf OHP, Kopien des Bildes für TN (M3)
120 Min.	10.	Taufe Jesu wahrnehmen aus der Perspektive von sog. Nebenfiguren und diesen Figuren eine Stimme geben.	Herstellen von Figuren zu einer biblischen Geschichte aus Knete.	Knete, Tücher, Steine, Moos, Holzstückchen etc.

Zeitbedarf: 3 Stunden, 15 Minuten

Samstagabend

Zeit	Nr.	Inhalt	Aktion	Material
60 Min.	11.	»Du bist …!« – Beziehungen, in denen ich lebe und was von mir erwartet wird!	Malaktion zu Beziehungen und Erwartungen	Karton, Ölkreide, Wachsmalkreide, Eddings
10 Min.	12.	Tagesausklang mit einem Text von Bonhoeffer: »Wer bin ich?«	Meditativer Abschluss	Text von Bonhoeffer

Zeitbedarf: 1 Stunde, 10 Minuten

Sonntagvormittag

Zeit	Nr.	Inhalt	Aktion	Material
30 Min.	13.	Guter Rat als Pate: Die TN sollen als Pate einem Täufling gute Lebensratschläge geben.	Einzelarbeit zur Rolle als Pate	Papier, Flipchart, Eddings,
45 Min.	14.	Arbeitsmaterialien und Arbeitshilfen für den KU zum Thema »Taufe« sichten, bewerten und sich gegenseitig vorstellen.	Gruppenarbeit zu gängigem KU-Unterrichtsmaterial, Plenum	Arbeitshilfen, Arbeits-Materialien für den KU
45 Min.	15.	Gruppenquiz: Halbgruppen entwickeln fünf Fragen und Antworten zum Thema »Taufe«.	Gruppenarbeit als eine Art Wettkampf	
30 Min.	16.	Feedbackrunde	Plenum	

Zeitbedarf: 2 Stunden, 30 Minuten

IV. Beispiel aus dem Verlaufsplan

Zu 10: Taufe Jesu – Nebenfiguren

Plenum: Zur Einstimmung werden Berufe, die es zur Zeit Jesu gegeben hat gesammelt. Die Berufe werden von den TN genannt und die TN reichern das Wissen über die Berufe so gemeinsam an. Die TN werden gebeten, die

Augen zu schließen und sich die folgende Geschichte wie einen Film vorzustellen (Landschaft, Menschen etc.), als eine Art Kopfkino. Der Text Mk 1,4–11 wird langsam gelesen, so dass sich Assoziationen und Bilder einstellen können.
Impuls: *Bitte wählt nun einen Menschen aus, den ihr vor eurem inneren Auge gesehen habt. Wer ist er? Wie alt ist er? Was macht er beruflich? Was hat ihn hier an den Jordan geführt? Was erlebt er hier, was sieht er, was denkt und fühlt er?*
Diese Person sollen die TN nun mit Knete herstellen. *Während ihr diesen Menschen knetet, denkt bitte an die Fragen. Beschäftigt euch mit diesem Menschen, fühlt euch in ihn hinein!*

Verschiedene Materialien liegen bereit (bunte Tücher, Steine, Moos, Holzstückchen etc.). Daraus legen die TN die Landschaft am Jordan. Nun werden die TN aufgefordert, ihre Figur in die Szene zu stellen. Dabei sollen sie auf die Position für ihre Figur achten. Wo steht meine Figur? Wie nahe oder wie fern ist sie dem Geschehen, kann sie dem Geschehen von seiner inneren Empfindung her sein? Die TN stellen nacheinander ihre Figur in die Szene, dabei wird die Figur vorgestellt: Ich bin … Was tue ich hier? Warum bin ich hier? Was sehe ich? Was erlebe ich? Was denke ich über das alles?

Auswertung im Plenum:
- *Die Personen und die Geschichte: Was haben wir erfahren?*
- *Was habt ihr für euch erfahren über die Taufe Jesu?*

Foto © beim Autor

Die weiteren Arbeitsschritte sowie die vollständigen Erläuterungen zum Verlaufsplan finden sich in ausführlicher Form auf der beiliegenden CD-ROM.

V. Schlussbemerkungen

Was noch erwähnenswert ist

Die Schulungseinheit ist in Einzelteilen mit Konfirmandinnen/Konfirmanden durchgeführt worden und als Gesamtmodul mit mehreren Teams von Ehrenamtlichen. Die angegebenen Zeiten für die einzelnen Arbeitsschritte sind stark abhängig von der Gruppengröße; darauf wird bei einer Durchführung zu achten sein. Die theologische Information zur Taufe (Input/Minddrop) ist kritisch anzueignen und den eigenen Ansprüchen und denen der Gruppen anzupassen.

Das Trainingsmodul zielt auf die Förderung von theologischer Sachkompetenz, aber auch die personale Kompetenz, die didaktisch-methodische Kompetenz und die soziale Kompetenz werden angesprochen und weiter ausgebaut. Rückmeldungen ergaben, dass es ehrenamtlichen Mitarbeiterinnen/Mitarbeitern gut gelang, das Thema »Taufe« mit diesem Modul bei Konfirmandinnen/Konfirmanden erlebbar zu machen.

Setting/Rahmenbedingungen

Die Raumgröße sollte eher reichlich bemessen sein, so dass die Arbeitsgruppen sich nicht gegenseitig stören. Schön wäre es, wenn der Tag liturgisch strukturiert würde.

Literatur

Bonhoeffer, Dietrich: Widerstand und Ergebung. Briefe und Aufzeichnungen aus der Haft, Gütersloh.

Vopel, Klaus: Interaktionsspiele für Jugendliche, Teil 1. Salzhausen 1997.

2.2 Die Bibel – ein Wochenendseminar

Heinz Adler

I. Ziele

Die Teilnehmenden lernen die Bibel in größeren Sinnzusammenhängen kennen und bearbeiten mit verschiedenen Methoden biblische Texte. Sie gewinnen dadurch die Kompetenz, mit einzelnen biblischen Texten im Konfirmandenunterricht arbeiten zu können. Eine Zeitleiste hilft, die enorme Zeitspanne zu begreifen, in der die biblischen Bücher entstanden sind. Die Bibel ist eigentlich kein Buch, sondern eine Sammlung von verschiedenen Schriften aus ganz unterschiedlichen Zeiten und mit äußerst unterschiedlichen Inhalten. Die verschiedenen Arbeitsschritte dieses Wochenendseminars sollen dafür sensibilisieren und zu einer erweiterten Wahrnehmung befähigen.

II. Hinführende Gedanken

Konfirmandenarbeit ohne Bibel bzw. ohne biblische Texte ist schlechterdings nicht denkbar; ist die Bibel doch Grunddokument des christlichen Glaubens. Aber die Bibel ist und bleibt den Konfirmandinnen/Konfirmanden und manchmal auch den Ehrenamtlichen im KU ein fremdes Buch. Dieses Seminar führt an die Bibel heran und vermittelt einen ersten Überblick. Damit kann zumindest eine kleine Basis gelegt werden zum Verständnis für dieses Buch. Die Zeitleiste, die in einem der Arbeitsschritte entsteht, könnte z. B. während der ganzen Konfirmandenzeit im Gruppenraum hängenbleiben und bei jedem Text, den man behandelt, wird eine weitere Notiz auf der Zeitleiste angebracht, so dass mit der Zeit alle behandelten Texte sich darauf versammeln.
Wichtig wäre auch, dass im Konfirmandenunterricht und der Schulung von Ehrenamtlichen nicht nur die sog. »religionspädagogischen Märtyrer« Verwendung finden. Also nicht immer nur »der verlorene Sohn«, »der barmherzige Samariter« und »Zachäus«. Die Bibel hält eine Unmenge an höchst spannenden und interessanten Geschichten bereit, die zu kennen wünschenswert wäre.

III. Ablaufplan der Schulungseinheit

Freitagabend

Zeit	Nr.	Inhalt	Methode/Aktion	Material
10 Min.		Die TN werden begrüßt und technische Informationen weitergegeben (Essenszeiten, Tagesablauf, geplanter Seminarverlauf).	Begrüßung – Technika – Tagungsübersicht; evtl. Tagungsablauf auf Flipchart notieren	Flipchart
30 Min.	1.	»Zettelwirtschaft« Mit Haftnotizzetteln stellen sich die TN gegenseitig vor.	Vorstellungsrunde	Block mit Haftnotiz-zetteln, Stifte
45 Min.	2.	Das Verhältnis »Ich – Konfis – Bibel« wird reflektiert unter dem Thema: »Die Bibel, die Konfis und ich. Was mir an diesem Beziehungsdreieck wichtig ist!«	Kartenabfrage und Bildung von Themenblöcken	Moderations-karten, Eddings, Pinnwand
45 Min.	3.	Quizspiel zur Bibel à la »Der große Preis«	Quizspiel	Quizkarten (M1), Fragewand
5 Min.	4.	Tagesausklang: »Ein Satz von mir für euch zum Tagesausklang«	Plenum, Kreis	

Zeitbedarf: 2 Stunden, 15 Minuten

Samstagvormittag

Zeit	Nr.	Inhalt	Methode/Aktion	Material
150 Min.	5.	»Die Bibel als Bibliothek« und eine Zeitleiste zur Bibel erstellen.	Arbeitsgruppen: Kreatives Arbeiten an Teilen einer »Bibel-Bibliothek«	Sechs Kartons, Papier, Arbeits-blätter, Farb-stifte, Tapeten-rolle, Modera-tionskarten, BibelHand-

				Buch, Arbeitsblätter (M2)
30 Min.	6.	Bibel-Domino	Plenum	Vorlage für Bibel-Dominokarten (M3)

Zeitbedarf: 3 Stunden

Samstagnachmittag

Zeit	Nr.	Inhalt	Methode/Aktion	Material
60 Min.	7.	Paarspaziergang mit Gespräch zum Thema: Biblische Geschichten: Märchen oder Wahrheit? Konfis fragen – wir üben uns in einer Antwort!	Spaziergang von Paaren, Auswertung im Plenum	
60 Min.	8.	Methodische Kleinformen zum Arbeiten mit biblischen Texten kennen lernen und ausprobieren.	Gruppenarbeit	Arbeitsblätter (M4)
60 Min.	9.	Methode: »Bibelauslegen«	Plenum, Einzelarbeit	Zeichenpapier Farbstifte, Wachsmalkreide

Zeitbedarf: 3 Stunden

Samstagabend

Zeit	Nr.	Inhalt	Methode/Aktion	Material
90 Min.	10.	Kleine Formen zum Bibeltheater	Spielszenen ausprobieren	Bibeltext
10 Min.	11.	Tagesausklang mit meditativer Musik	Plenum	passende Musik

Zeitbedarf: 1 Stunde, 40 Minuten

Sonntagvormittag

Zeit	Nr.	Inhalt	Methode/Aktion	Material
15 Min.	12.	Wahrnehmungsübung durch einen Rundgang durch das Haus und Auswertung im Plenum	Einzelarbeit Plenum	Papier, Stifte
45 Min.	13.	Minddrop: Bibel – Kanon, Entstehung, Aufbau, Unterschiede	Referat	Folien oder Karten, Referatsvorlage (M5)
60 Min.	14.	KU-Material sichten und bewerten	Einzelarbeit, Plenum	KU-Material (Arbeitsmappen, Bücher, Kurse)
45 Min.	15.	Feedback der Tagung und Klärung noch ausstehender Fragen	Plenum	

Zeitbedarf: 2 Stunden, 30 Minuten

IV. Beispiel aus dem Verlaufsplan

Zu 5: »Die Bibel als Bibliothek« + Zeitleiste

Es werden sechs Gruppen gebildet zu sechs Sammlungen biblischer Bücher. Als Informationslektüre empfehlen sich: »Das BibelHandBuch für Konfis und ihre Teamer« oder »Steig ein in die Bibel« (siehe Literaturangaben am Ende). Die sechs Sammlungen sind:

- Gesetzesbücher (Gen – Dtn)
- Geschichtsbücher (Jos – Est)
- Lehrbücher (Hiob – Hld)
- Prophetenbücher (Jes – Mal)
- Evangelien und Apostelgeschichte
- Briefe und Offenbarung

Jede Gruppe erhält einen Schuhkarton, Papier zum Bekleben, Schere, Kleber, Eddings, Broschüre »Das BibelHandBuch« oder »Steig ein in die Bibel« (nach Anzahl der Gruppenmitglieder) und das jeweilige Arbeitsblatt mit Anweisungen. Mindestens eine Bibel mit Zeittafel pro Gruppe ist nötig.

Die Gruppe soll sich über die von ihr zu bearbeitenden biblischen Bücher informieren und den Schuhkarton als Buch/Teil einer Bibliothek gestalten.

- Die Gruppenmitglieder schreiben zunächst die Namen der Bücher, aus denen die Sammlung besteht, auf die Schmalseite des Kartons (Buchrücken).
- Sie informieren sich mit einer der Broschüren über ihre Sammlung und lesen mehrere charakteristische Texte nach.
- Wenn sie herausgefunden haben, was typisch für ihre Sammlung ist, gestalten sie ein entsprechend aussagekräftiges Deckblatt und kleben es auf den Karton (Deckel des Buches). Es besteht auch die Möglichkeit, zwei Deckelblätter (vorne und hinten) zu gestalten und aufzukleben.
- Sie erarbeiten sich entscheidende Personen oder Ereignisse aus den Büchern, die zu ihrer Sammlung gehören, und notieren Personen/Ereignisse und die dazugehörigen Jahreszahlen auf Moderationskarten. Diese können auch künstlerisch ausgestaltet werden. Dazu soll die Gruppe die Zeittafel verwenden, die sich in der Bibel befindet.

Im Plenum werden die Büchersammlungen vorgestellt, und die erarbeiteten Personenkarten und Karten zu besonderen Ereignissen werden dann auf einer Zeitleiste (eine Tapetenbahn an einer Wand des Gruppenraumes) angebracht. Die Zeitleiste sollte bis ins aktuelle Jahr gehen und kann die Geburtsjahre der Konfis sowie deren Eltern und Großeltern enthalten.

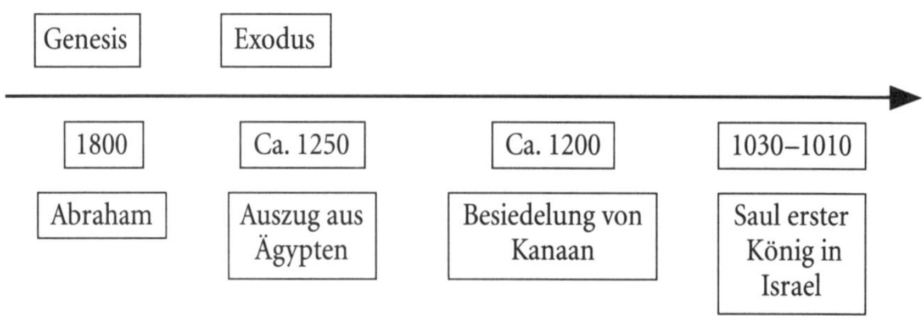

Am Ende dieser Arbeitsphase findet eine Auswertung statt, in der es vor allem darum gehen soll, wahrzunehmen, welch enormer Zeitraum mit den biblischen Geschichten abgedeckt ist, wann bestimmte Personen gelebt und bestimmte Ereignisse stattgefunden haben.

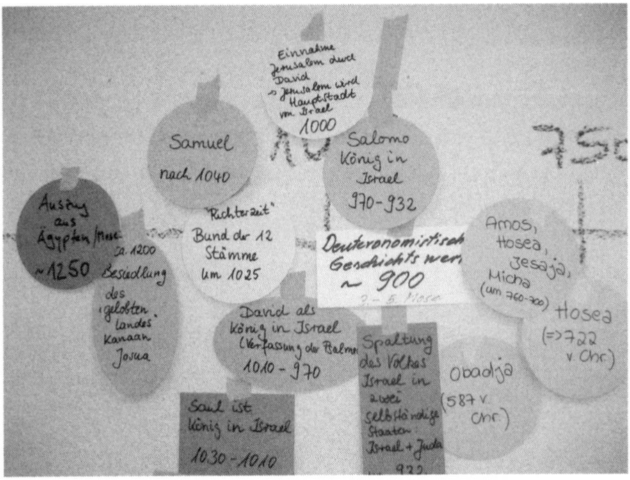

Foto © beim Autor

Die weiteren Arbeitsschritte sowie die vollständigen Erläuterungen zum Verlaufsplan finden sich in ausführlicher Form auf der beiliegenden CD-ROM.

V. Schlussbemerkungen

Was noch erwähnenswert ist

Das als Wochenende vorgestellte Seminar kann auch in kleinere Zeiteinheiten aufgeteilt werden. Einzelne Arbeitsschritte sind an einem Nachmittag oder in einem Ganztagesseminar durchführbar. Beachtet werden muss nur, dass jeweils genügend Zeit zur Reflexion der Methoden und Erkenntnisse gegeben ist. Einige Arbeitsschritte können problemlos im Konfirmandenunterricht als Unterrichtsbausteine eingesetzt werden. Je nach Gruppe kann die jeweilige Zeitangabe variieren.

Im Konfirmandenunterricht könnten die Bibelbücherkartons immer alle Texte aufnehmen, die im Unterricht zum Einsatz kommen, und am Ende der Konfirmandenzeit wären die Texte dann noch einmal zu sichten; so würde deutlich werden, wie viele Texte und aus welchen Bibelbereichen Texte zum Einsatz kamen. Die Bibelbibliothek kann in der Kirche oder dem Gemeindehaus ausgestellt werden.

Das Schulungsmodul ist mit verschiedenen Teams durchgeführt worden. Dabei hat sich gezeigt: Je älter die Ehrenamtlichen waren, desto größer ist der Zeitbedarf für Austausch und Reflexion. Der eher unscheinbare Arbeitsschritt der Paargespräche hat oft sehr lange nachgewirkt – bis in die Gespräche in den freien Zeiten des Abends.

Es ist empfehlenswert oder beinahe selbstverständlich, dass der Tag liturgisch gerahmt werden sollte. Kleine Hinweise für das Tagesende sind notiert, der Tageseinstieg sollte unter Berücksichtigung der Anwesenden gestaltet werden.

Rahmenbedingung

Für die Durchführung des Seminars ist ein großer Raum von Vorteil, vor allem die Zeitleiste sollte groß dimensioniert werden, damit genügend Platz ist für viele Karten.

Literatur

Adler, Heinz (Hg.): Das BibelHandBuch für Konfis und ihre Teamer, Gütersloh 2006.

Adam, Gottfried u. a. (Hg.): Die Bibel. Entdecken, erleben, aufführen – vol. 2, KU-Praxis, Heft 49, Gütersloh 2005.

Steig ein in die Bibel, Stuttgart 1997.

Diese Textseiten sind auch in manchen Bibelausgaben enthalten, z. B.: Gute Nachricht für Dich.

2.3 Glaubensbekenntnis – ein Wochenendseminar

Heinz Adler

I. Ziele

Das Glaubensbekenntnis ist in den meisten Landeskirchen ein unabdingbares Thema und Lerngegenstand in der Konfirmandenarbeit. Es ist von daher für ehrenamtlich Mitarbeitende wichtig, grundlegende Informationen dazu zu kennen und sich über Deutungsmöglichkeiten auszutauschen. Das Wochenendseminar soll das Verständnis für das Glaubensbekenntnis aufschließen und zu einer eigenen Stellungnahme ermutigen. Die Ehrenamtlichen kennen die wichtigsten geschichtlichen Entwicklungsschritte des Glaubensbekenntnisses und haben verschiedene Methoden zur Erarbeitung des Credos im Konfirmandenunterricht selbst erprobt und reflektiert.

II. Hinführende Gedanken

Das Glaubensbekenntnis – den meisten in Form des Apostolikums bekannt – ist für viele Gemeindeglieder ein »quasi sakrosankter« Text, über dessen Entstehung und Herkunft wenig gewusst wird. Die »Heiligkeit« des Glaubensbekenntnisses beruht auf dem unkommentierten Gebrauch im Gottesdienst und liegt an den theologischen Spitzenaussagen, die so viel Mühe beim Verstehen machen, dass man sie wohl nur glauben kann nach dem Motto, das auf Tertullian zurückgeht: »Credo, quia absurdum!« (»Ich glaube es, weil es widersinnig ist!«) Tertullian meinte damit allerdings: Weil ich die christliche Erkenntnis, die ich (gefühlsmäßig) für richtig halte, mit logischen Gründen nicht beweisen kann, will ich sie mir dadurch zu eigen machen, dass ich sie glaube. Um ein solches »zu eigen machen« soll es bei der Beschäftigung mit dem Credo gehen.

Das Glaubensbekenntnis (Credo) hat in den Gemeinden eine Tradition in Form des Apostolikums (apostolisches Glaubensbekenntnis). Das andere – in unseren Kirchen auch verbindliche – Glaubensbekenntnis von Nizäa-Konstantinopel wird gottesdienstlich selten oder gar nicht genützt; das ist ein Stück Verarmung.

Das Credo – in welcher Form auch immer – ist ein wuchtiger, tiefschichtiger

Text, von dem der Theologieprofessor Helmut Gollwitzer einmal sagte, dass ein Menschleben nicht reicht, um es wirklich zu verstehen.
Das Credo ist wie ein Markstein oder Grenzstein (Jan M. Lochmann). In alten Zeiten gingen die Bewohner eines Dorfes einmal im Jahr über die Äcker und sahen nach, ob die Grenzen der Äcker und Wiesen noch mit den Mark- oder Grenzsteinen übereinstimmten, oder ob es Unregelmäßigkeiten an den Grenzen gab. So ist das Credo Markstein/Grenzstein für unseren Glauben und wir können an ihm prüfen, ob unser Glaube noch in der richtigen Façon ist.
Dabei wird sich auch feststellen lassen, dass nicht immer und zugleich alle Teile des Credo meine Aufmerksamkeit erfahren und ich nicht immer und zu jeder Zeit hinter jedem Satz voll stehen kann, denn das, was als Glaube im Credo ausgedrückt ist, ist immer größer als mein eigener Glaube je sein kann. Und insofern vermittelt das Credo in seiner Würde und Ehrwürdigkeit so etwas wie »Geschmack am Heiligen«.
Kein Mensch kann das Glaubensbekenntnis allein verantworten, kein Mensch kann zu allen Zeiten hinter jedem Wort des Credo stehen. Aber eine Gemeinde – die Gemeinschaft der Heiligen – kann dies, weil jedes Gemeindeglied einen Satz oder ein Wort des Credos für sich gelten lassen und glauben kann. So verbürgen wir nur gemeinsam den Wahrheitsgehalt dieses alten Bekenntnisses unseres Glaubens. Und so macht das Credo – gemeinsam verantwortet – auch deutlich, dass die Kirche mehr ist, als bloß ein Verein von subjektiv Gläubigen.
Für Konfirmandinnen und Konfirmanden ist das Glaubensbekenntnis fremd geworden – wie übrigens für viele andere auch – und doch gehört es in ihrer Wahrnehmung zur Kirche und dem Gottesdienst, wie das Amen, das Vaterunser und die Kerzen. Und vielleicht sind sie sogar froh, im Gottesdienst den Text mitsprechen zu können; sie finden etwas Bekanntes und können mitmachen. Wichtig dabei ist, dass Jugendliche die Aussagen des Credo oft weniger problematisch nehmen, als dies die Unterrichtenden tun. Und wir müssen uns hüten, unsere eigenen Anfragen und Problemstellungen, die wir mit dem Credo verbinden, hineinzutragen in die Arbeit mit den Konfirmanden. Es kann nicht darum gehen, den Konfirmandinnen und Konfirmanden das Glaubensbekenntnis dogmatisch zu erläutern. Wiewohl ihre Anfragen – so sie vorhanden – aufzunehmen sind. M. E. geht es vielmehr darum, ihnen mit dem Credo eine Ahnung vom »Geschmack des Heiligen« zu vermitteln. Was haben all die Menschen vor uns im Blick auf diese »alten Worte« gefühlt, gedacht und erhofft. Welche Bilder und Visionen hatten sie? Wie konnten sie ihr eigenes Leben in diesen Bekenntnisworten unterbringen und bergen? Wenn

denn das Verstehen des Credo mehr als ein Menschenleben braucht, so wäre es überheblich, zu meinen, wir könnten in einigen Stunden KU ein bindendes und gültiges Deutungsmuster anbieten. Was wir anbieten können, ist eine Hilfestellung zum Verstehen und zwar so, dass der weitere Verstehensweg im Leben der Jugendlichen offen bleibt, denn der Glaube soll wachsen und nicht auf der Stufe des Konfirmandenalters stehenbleiben.
Dass es Situationen gibt, in denen man sich zu etwas bekennen muss, das ist auch den Konfirmandinnen und Konfirmanden nicht fremd. Für Konfirmandinnen und Konfirmanden ist die Frage »Wozu stehst du?« aufs Engste mit der Frage nach ihrer Identität verbunden. Sie müssen sich in der gegenwärtigen Kultur selbst entwerfen und inszenieren. Da kann schon das morgendliche Anziehen zum Bekenntnisakt werden. Wie viel Individualität und wie viel »Mainstream« getraue ich mich?

III. Ablaufplan der Schulungseinheit

Freitagabend

Zeit	Nr.	Inhalt	Methode/Aktion	Material
10 Min.	1.	Ankommen – Name und Ort – Unterrichtsmaterial	Plenum, Begrüßung, Vorstellungsrunde	
20 Min.	2.	Die TN kommen miteinander ins Gespräch und tauschen aus, was ihnen zu ihrer Person wichtig erscheint.	Vorstellungsrunde mit Memory-Karten	Memory-Karten, CD-Player, CD's
		Technika klären: Tagungsablauf und Tagungszeiten	Information	Evt. die Themen und den Tagesablauf auf Flipchart schreiben
15 Min.	3.	Annäherung an das Thema: Credo-Schnecke: »Nähe und Distanz«; den Text abschreiten	Die TN gewinnen einen ersten Zugang zum Credo.	Packpapier-Bahnen mit Credo oder Credo-Karten (M1)

45 Min.	4.	Die eigene Stimmung im Blick auf das Credo – eine Übung	Einzelarbeit und Plenum	Moderations-Karten
30 Min.	5.	Mein Interesse im Blick auf das Credo im KU?	Plenum	
5 Min.		Liturgischer Abschluss	Das Credo murmeln und sehr leise sprechen.	

Zeitbedarf: 2 Stunden

Samstagvormittag

Zeit	**Nr.**	**Inhalt**	**Methode/Aktion**	**Material**
15 Min.	6.	Credo-Schnecke: Ich denke an …	eine weitere Annäherung an das Credo	Credo-Schnecke
15 Min.	7.	Ja – Nein: Ich bekenne mich zu etwas …!	Entscheidungsspiel	Fragen für Entscheidungsspiel
45 Min.	8.	Variante: Collage: Wofür sich Menschen entscheiden sollen – und warum?	Collage in Gruppenarbeit	Zeitschriften für Collage, Plakate zum Aufkleben der Collage
60 Min.	9.	Input: Geschichte und Theologie des Credo; Rückfragen zum Referat	Referat	(M2)
45 Min.	10.	Biblische Texte als Basis des Credo	Zuordnen von bibl. Texten zu Teilen des Credo, mit Wollfäden werden Beziehungen verdeutlicht	Credo auf DIN A3 oder größer, Texte auf Karten DIN A5 (M3), Wollfäden und Pinnadeln

Zeitbedarf: 3 Stunden

Samstagnachmittag

Zeit	Nr.	Inhalt	Methode/Aktion	Material
15 Min.	11.	Die TN finden für sich eigene Schwerpunkte im Credo und hören die Schwerpunktsetzungen anderer.	Das Credo sprechend erleben	
120 Min.	12.	Verschiedene Arbeitsaufträge, um sich mit dem Credo kreativ auseinanderzusetzen.	Malaktion	Abdeckfarben und Karton, Pinsel, Becher, schwarzes Tonpapier, Ölkreide, Wachsmalkreide
60 Min.	13.	Glauben – Was ist das? Biblische Geschichten und was darin »Glauben« bedeutet	Gruppenarbeit zu biblischen Geschichten und dem Begriff »Glauben«	Bibeln

Zeitbedarf: 3 Stunden

Samstagabend

Zeit	Nr.	Inhalt	Methode/Aktion	Material
60 Min.	14.	Wir sichten und beurteilen: In Gruppen werden gängige Unterrichtshilfen analysiert und beurteilt.	Kleingruppenarbeit zu gängigem Unterrichtsmaterial	Unterrichts-Materialien

Zeitbedarf: 1 Stunde

Sonntagvormittag

Zeit	Nr.	Inhalt	Methode/Aktion	Material
20 Min.	15.	Credo-Schnecke: Die Mitte und wichtige Worte	Vertiefung mit der Credoschnecke	eine große Kerze, Teelichte (drei je TN)

60 Min.	16.	Das Glaubensbekenntnis – »Wir legen es aus!«	Kreative Aktion	Eine Kiste mit einem Sammelsurium an Material
45 Min.	17.	Ein modernes Apostelkonzil	Gruppenarbeit zu modernen Glaubensbekenntnissen	Textblätter mit verschiedenen Bekenntnissen
25 Min.	18.	Das Bekenntnis in der Konfirmationsfeier – eine Problemanzeige	Plenum zur Problematik der Bekenntnisverpflichtung in der Konfirmation	
30 Min.		Feedback	Plenum	

Zeitbedarf: 3 Stunden

IV. Beispiel aus dem Verlaufsplan

Zu 16: Das Glaubensbekenntnis – »Wir legen es aus!«

Das Glaubensbekenntnis soll im wahrsten Sinne des Wortes »ausgelegt« werden, indem aus einem Sammelsurium an Material ein Bodenbild für das Credo entstehen soll. Das Credo soll also mit verschiedenen Materialien gestaltet/ausgelegt werden. Es kann sinnvoll sein, dass sich Gruppen für die drei Artikel bilden.

In der Raummitte steht eine Kiste mit verschiedenen Materialien (siehe Vorschlag für die Materialkiste).

Es darf nur das Material verwendet werden, das gebraucht wird (keine Hamstereien). Was man als Material nicht mehr gebrauchen kann, soll wieder in die Mitte zurückgelegt werden, damit es für andere zur Verfügung steht.

Beobachtbar wären die Interaktion und das Agieren untereinander.

Auswertung:

- *Wir nehmen das »Kunstwerk« wahr!*
- *Wie ging es dir mit dieser Aufgabe? Was war leicht, was war schwer?*
- *Wie wirkt dieses »ausgelegte Credo« auf euch?*

Vorschlag Materialkiste:

Verschieden farbige Tücher, Naturmaterialien (Blätter, Steine u.a.m.), Draht, verschiedene kleine Holzklötzchen (Bauklötze), Papier zum Beschriften, Windel, Verschiedene Bilder (Taufe, Natur etc.), ungesponnene Wolle, Kerzen, Schwamm, Nägel, Watte, buntes Papier zum Reißen, Besteck, Becher, verschiedene Schnüre/Kordeln, Wollfäden, Knete, Teelichte, Holzstäbe, Bibel, Kette und Schloss, Fläschchen Salböl, Flaumfedern, Moosgummistücke, Legosteine, u. a.

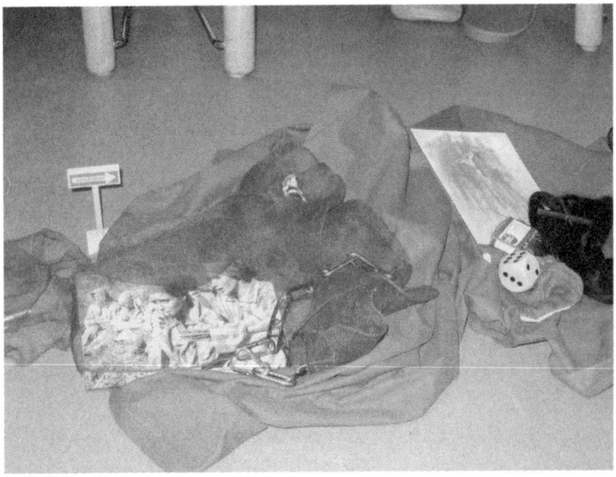

Foto © beim Autor

Die weiteren Arbeitsschritte sowie die vollständigen Erläuterungen zum Verlaufsplan finden sich in ausführlicher Form auf der beiliegenden CD-ROM.

V. Schlussbemerkungen

Was noch erwähnenswert ist

Die Schulungseinheit ist sowohl mit Ehrenamtlichen in einem Fortbildungskurs als auch in Teilen mit Konfirmandengruppen erprobt worden. Dabei hat sich gezeigt, dass die einzelnen Einheiten bedacht gewählt werden müssen. Es empfiehlt sich also nicht, alles zu machen, sondern eine Auswahl zu treffen. Einige Arbeitsschritte stammen aus einem älteren KU-Praxis-Heft, sind also nicht neu. Aber meiner Wahrnehmung nach ist dieses sehr gute Heft in der Gemeindepraxis unverdienterweise wenig rezipiert worden.

Das Arbeiten mit und am Credo hat zum Ziel die theologische Kompetenz (religiöse und Sachkompetenz) der TN zu fördern. Es ist deshalb darauf zu achten, dass genügend Zeit für die Plenums- und Auswertungsphasen eingeplant wird. Erfahrungsgemäß kommt es zu sehr angeregten Diskussionen (bei den Ehrenamtlichen wie auch bei den Konfirmanden), in denen eigene Glaubensvorstellungen und Zweifel laut werden. Vor allem die Gespräche über das Glaubensbekenntnis und was man selbst damit anfangen kann, fördern auch die hermeneutische Kompetenz und lassen das Credo transparent werden für die Lebenswelt der Jugendlichen. Dieser Horizont muss aber von der Leitung aufgezeigt werden. Die methodischen Bausteine fördern die methodische Kompetenz der TN und das Interagieren in der Gruppe führt zur Förderung der kommunikativen Kompetenz.
Eine liturgische Rahmung der Tage wäre wünschenswert. Auch Pausen müssen eingeplant werden.

Setting/Rahmenbedingungen

Der Raum sollte so groß sein, dass das Credo als Schneckenform ausgelegt werden und man ohne Mühe darum herumlaufen kann. Die Beschaffung des Auslegematerials für den Arbeitsschritt Nr. 16 ist frühzeitig vorzunehmen, aber einmal gesammelt kann das Material für viele andere Unterrichtseinheiten auch Verwendung finden. Legosteine und Bauklötze können notfalls auch in einem Kindergarten ausgeliehen werden.

Literatur

Adam, Gottfried u.a. (Hg.): Kaum zu glauben – Anregungen und Bausteine zum Glaubensbekenntnis. KU-Praxis 38, Gütersloh 1998.

Adam, Gottfried u.a. (Hg.): Das Beste aus KU-Praxis 20 bis 29. Gütersloh 2001.

2.4 Hölle, Tod und Teufel – ein Wochenendseminar

Heinz Adler

I. Ziele

Der Teufel ist nach wie vor faszinierend, wenngleich er in der Theologie nur noch eine marginale Figur zu sein scheint. Jugendliche sind da offener – und neugieriger und so ist das Phänomen nicht nur im sog. Jugendsatanismus virulent, sondern durchzieht als Frage immer wieder den Alltag der Jugendlichen. Genauso ist es mit dem Thema Tod, mit Himmel und Hölle. Nicht immer gelingt es den Konfirmandinnen und Konfirmanden, ihre Fragen diesbezüglich deutlich werden zu lassen. Dieses Trainingsmodul will zum Fragen anregen und dazu, gemeinsam erste Antworten zu generieren. Ziel des Moduls ist: Die Ehrenamtlichen kennen die wichtigsten Stationen in der theologischen Ideengeschichte im Blick auf den Teufel, den Himmel und die Hölle, gleichzeitig reflektieren sie ihre eigenen Voreinstellungen und kommen darüber ins Gespräch mit anderen. Sie erarbeiten sich mit verschiedenen Methoden Bausteine, die im Konfirmandenunterricht eingesetzt werden können.

II. Hinführende Gedanken

Der Himmel wird vorausgesetzt, über Hölle, Tod und Teufel schweigt man: So könnte man den Status quo in Kirche und Theologie beschreiben. Dass mit diesen Begriffen aber entscheidende Themen des Glaubens angesprochen werden, wird in diesem Kurs deutlich und dies haben auch die Durchführungen dieses Kurses mit Konfirmanden und Konfirmandinnen und Ehrenamtlichen gezeigt. Der Gesprächsbedarf ist enorm und selten wird dazu Gelegenheit gegeben; weithin bleiben die Christen ihren Vermutungen und Vorstellungen überlassen und diese speisen sich nun gewiss nicht aus der biblischen Tradition. Zu den Themen Teufel, Himmel und Hölle geben die Referate (Input/ Minddrop; siehe CD-ROM) einen ersten Einstieg, ersparen aber denen, die einen solchen Kurs durchführen wollen, nicht, sich selbst intensiver damit zu beschäftigen.

III. Ablaufplan der Schulungseinheit

Freitagabend

Zeit	Nr.	Inhalt	Methode/Aktion	Material
45 Min.	1.	Begrüßung und Vorstellungsrunde	Steckbrief	Musik, Stifte, Blätter
25 Min.	2.	Erste Annäherung an das Thema über verschiedene Begriffe	Stille Diskussion mit verschiedenen Plakatrunden	2 x 4 Plakate, Eddings
45 Min.	3.	Zweite Annäherung an das Thema über einen Film	Video	TV-Recorder, Video
5 Min.		Tagesausklang: meditative Musik und Textlesung: Bonhoeffer, Von guten Mächten wunderbar geborgen …		Recorder, CD

Zeitbedarf: 2 Stunden

Samstagvormittag

Zeit	Nr.	Inhalt	Methode/Aktion	Material
60 Min.	4.	Annäherung an das Thema »Teufel« an verschiedenen Gesprächstischen	Café International	Tische, Fragen auf Karten, Stifte, Plakate
60 Min.	5.	Der Teufel – eine Erkundung Arbeitsgruppen werden gebildet zu folgenden Bereichen: – Altes Testament – Neues Testament – Märchen – Internet-Recherche	verschiedene Arbeitsgruppen	Arbeitsblätter, Internetzugang sicherstellen, Plakate, Farben, Stifte (M1–M4)
60 Min.	6.	Minddrop zum Thema: »Der Teufel – ein kurze Darstellung«	Referat und Aussprache	Folien oder Karten dazu (M5)

Zeitbedarf: 3 Stunden

Samstagmittag

Zeit	Nr.	Inhalt	Methode/Aktion	Material
15 Min.	7.	Spiel: Titanic	Spielaktion	Recorder, CD, Teppichfliesen
10 Min.		Einstimmung: Lied »Himmel & Hölle« von »E Nomine«, Eindrücke zum Lied werden ausgetauscht		Recorder, CD: »E Nomine«: »Das Testament«; daraus: »Himmel & Hölle«
80 Min.	8.	Was kommt nach dem Tod? Fantasiereise und Erarbeitung eines Bildes mit Schlüsselloch.	Fantasiereise und Bildgestaltung	Fantasiereise (M7), Papierbögen, Farben, Schablone für Schlüsselloch, Schneidemesser, Kommentarblätter
60 Min.	9.	Popsongs zum Thema: Einige Popsongs und deren Vorstellung von Sterben, Tod und dem Danach werden analysiert	Arbeitsgruppen	Popsongs, CD, Recorder

Zeitbedarf: 2 Stunden, 45 Minuten

Samstagabend

Zeit	Nr.	Inhalt	Methode/Aktion	Material
60 Min.	10.	Jenseitskisten gestalten: Die TN sollen nun ihre eigenen Jenseitsvorstellungen (ihre eigenen inneren Bilder vom Jenseits) ins Gespräch bringen, durch das Gestalten von sog. Jenseitskisten.	kreatives Arbeiten in Kleingruppen	Kisten, Karton, Krepppapier, Buntpapier, Farbstifte, Kleinteile (Federn, Murmeln, Muscheln etc.)

35 Min.		Evtl. Video: »Teuflisch gefährlich« – okkulte Praktiken, Matthias-Film, Dokumentarfilm von Rainer Fromm, BRD 2004 (19 Min).	Video und Gespräch	TV, Recorder, Video
10 Min.		Tagesausklang		

Zeitbedarf: 1 Stunde, 45 Minuten

Sonntagvormittag

Zeit	Nr.	Inhalt	Methode/Aktion	Material
10 Min.		Sharing zum letzten Abend: – Sind noch Reste zu klären? Hat euch etwas umgetrieben?		
45 Min.	10.	Wahrnehmung der Ergebnisse: Jenseitskisten bestaunen und befragen	Plenum	Kommentarblätter, Stifte
50 Min.	11.	Minddrop: »Himmel und Hölle« – eine kurze Darstellung	Referat	Folien oder Karten dazu (M8)
45 Min.	12.	Die Funktion des Redens von Himmel, Hölle und Teufel – ein Versuch mit Bildern. Variante: »Mr. President« oder die Expertenbefragung	Plenum	OHP, Plakatkarton, Bildfolien (Hieronymus Bosch, Albrecht Dürer, Boticelli oder andere)
30 Min.		Feedback der Tagung		

Zeitbedarf: 3 Stunden

IV. Beispiel aus dem Verlaufsplan

Zu 4: Annäherung an das Thema »Teufel« – Café International

Drei bis vier Tische und entsprechend viele Personen als Statthalter für die Tische (je nach Gruppengröße). Jeder Tisch hat zwei bis drei Fragen, die an

diesem Tisch miteinander besprochen werden sollen. Der Statthalter führt Buch über das Gespräch und präsentiert die Gesprächsgänge später im Plenum. (Die Anzahl der Fragen ist auf die Gruppe abzustimmen, bei mehr als vier Tischen kann pro Tisch auch nur eine Frage zur Diskussion stehen.)
Die Besucher am Tisch wechseln. Zu jedem Tisch kommen pro Gesprächsgang (zehn Minuten) jeweils andere Personen hinzu und diskutieren miteinander die »Tischfragen«, so dass sich verschiedene Gesprächsgänge ergeben.
Mögliche Fragen für die Tische:
- Was kommt nach dem Tod?
- Wie ist der Teufel?
- Gibt es den Teufel?
- Meine Meinung zum Thema »Hölle«!
- Woher kommt das Böse in der Welt?
- Woher kennt ihr den Teufel? Woher wisst ihr über ihn Bescheid?
- Wie stellt ihr euch ein Gericht nach dem Tod vor?
- Kommen wir alle in den Himmel?
- Freitag fragte Robinson Crusoe: Wenn Gott doch die Macht hat, den Teufel zu vernichten, und auch den Willen dazu, warum wartet er damit bis ans Ende der Welt?

Die letzte Tischrunde hat zusätzlich die Aufgabe, die Ergebnisse der Diskussionsrunde für das Plenum aufzuarbeiten und zu präsentieren (damit nicht nur der Statthalter die Arbeit hat).
Plenum: Präsentation der Ergebnisse durch die Gruppen mit anschließendem Gespräch zur Vielzahl der Antworten und Ansichten.

Bild einer »Jenseitskiste« aus Punkt 10. Nähere Ausführungen hierzu auf der CD-ROM, Foto © beim Autor

Die weiteren Arbeitsschritte sowie die vollständigen Erläuterungen zum Verlaufsplan finden sich in ausführlicher Form auf der beiliegenden CD-ROM.

V. Schlussbemerkungen

Was noch erwähnenswert ist

Die einzelnen Bausteine des Moduls sind in verschiedenen Konfirmandengruppen erprobt worden und z. T. ja auch längst bekannt. Das Modul als Ganzes wurde auf zwei Fortbildungen (Wochenenden) mit Ehrenamtlichen durchgeführt. Dabei hat sich gezeigt, dass der Gesprächs- und Abklärungsbedarf (Was glaubst du? Was glaube ich?) bei den angesprochenen Themen enorm hoch ist. Die Zeiten konnten fast nie eingehalten werden. Wird das Modul als Schulung umgesetzt, so wäre zu überlegen, ob der Zeitrahmen nicht vergrößert werden sollte oder eben eine Auswahl aus den angebotenen Bausteinen getroffen wird.

Das Trainingsmodul fördert die religiöse Kompetenz, indem es intensiv dazu anregt, über die eigene religiöse Prägung nachzudenken und den Austausch mit anderen initiiert. Aber auch die didaktisch-methodische Kompetenz, die soziale und die kommunikative Kompetenz werden gefördert.

Dass es eine liturgische Rahmung der Fortbildung gibt, versteht sich von selbst und natürlich muss auch auf genügend Pausenzeiten geachtet werden.

Setting/Rahmenbedingungen

Im Grunde keine besonderen Bedingungen. Der Raum muss der Anzahl der Teilnehmenden angemessen sein.

Literatur

Adam, Gottfried u. a. (Hg.): Modelle 9: Zwischen Himmel und Erde – Anregungen und Bausteine zu den Themen Träume, Glück, Tod und Leben. KU-Praxis 41, Gütersloh 2000.

Keßler, Hans-Ulrich/Nolte, Burkhardt: Konfis auf Gottsuche. Praxismodelle für eine handlungsorientierte Konfirmandenarbeit, Gütersloh 2003.

2.5 Konfirmation – ein Wochenendseminar

Heinz Adler

I. Ziele

Ehrenamtliche Mitarbeiterinnen/Mitarbeiter in der Konfirmandenarbeit sollen einen Einblick in die Geschichte und Bedeutung der Konfirmation erhalten. Sie sollen sich mit verschiedenen theologischen und anthropologischen Aspekten der Konfirmation auseinandersetzen, ihre Erfahrungen und die Praxis ihrer Gemeinde reflektieren und zu einer begründeten Haltung im Blick auf die Konfirmation und deren Gestaltung kommen. Dabei werden sie ihre eigene theologische Einstellung wahrnehmen und mit anderen ins Gespräch bringen. Sie sollen Möglichkeiten erarbeiten, wie Ehrenamtliche sich bei der Konfirmation beteiligen können. Am Ende des Seminars sollte Folgendes erreicht sein: Die TN haben sich mit der Geschichte der Konfirmation befasst, verschiedene Deutungen der Konfirmation kennen gelernt und sind so für das Geschehen, den »Kasus Konfirmation« sensibilisiert worden. Sie kennen Möglichkeiten, sich an der Konfirmation zu beteiligen und können einen Konfirmationsgottesdienst planen.

II. Hinführende Gedanken

Mit der Konfirmation verbinden sich – aufgrund ihrer Entstehung und geschichtlichen Entwicklung – sehr verschiedene Motive und Vorstellungen. Es wird deutlich, dass die von Seiten der Kirche vertretenen Aspekte (Tauferinnerung, Abendmahlszulassung, Eingliederung in die Gemeinde, Bekenntnis, Laienordination u.a.m.) aber bei weitem nicht von denen nachvollzogen werden, die Nutznießer der Konfirmation sind. So ist vielfach betont worden, die Konfirmation sei eher ein Familienritual und ein Ritual des mündigen Erwachsenwerdens und gehöre als Ritus eher zur Liturgie des Lebens als zur Liturgie der Kirche (Godwin Lämmermann).
Eine konfrontative Gegenüberstellung von theologischen und anthropologischen Aspekten der Konfirmation führt aber nicht weiter, sondern nur dazu, dass in der Konfirmationsfeier Unterschiedliches gefeiert werden würde: Von den kirchlichen Amtsträgern die theologischen, von den betroffenen Familien und Jugendlichen aber die anthropologischen Aspekte.

So wird es in einem Nachdenken über die Konfirmation darum gehen, beiden Aspektbereichen ihr Recht einzuräumen und sie aufeinander zu beziehen. Dazu müssen aber beide Aspektbereiche wahrgenommen und miteinander ins Gespräch gebracht werden.
Die Konfirmation ist »weder in der Bibel noch in einem kirchlichen Dogma begründet, sondern geht auf die Idee eines Theologen im 16. Jahrhundert zurück. Ihre enorme Stabilität verdankt sie in erster Linie der Volksfrömmigkeit, also dem, was Menschen glauben und hoffen und mit dieser Kasualie in Verbindung bringen« (Rainer Starck, Konfirmieren im volkskirchlichen Kontext, in: KU-Praxis, Heft 42, S. 62).
Auch ehrenamtliche Mitarbeiterinnen/Mitarbeiter sind nicht frei von »Vorurteilen« und Bedeutungszuschreibungen im Blick auf die Konfirmation, diese sind zu erheben und im Gespräch miteinander fruchtbar zu machen. Oft hilft auch die Planung der praktischen Umsetzung verschiedener Aspekte schon dazu, klärend zu wirken, einfach dadurch, dass der eine oder andere Aspekt sich praktisch gar nicht so deutlich umsetzen lässt, wie es theoretisch wünschenswert wäre.

Der diesem Schulungsmodul beigegebene Abriss der Geschichte der Konfirmation ist ein Vorschlag und erspart der Seminarleitung nicht eine eigene Erarbeitung und Schwerpunktsetzung für die eingeplanten Minddrops.

III. Ablaufplan der Schulungseinheit

Freitagabend

Zeit	Nr.	Inhalt	Aktion	Material
15 Min.	1.	Ankommen, sich kennen lernen	Vorstellungsrunde	
15 Min.	2.	Die TN verorten sich auf einer Landkarte	Landkarte stellen	
15 Min.	3.	Sich näher kennen lernen mit selbst gestalteten Visitenkarten	Kennenlernspiel	Visitenkarten zum ausfüllen

60 Min.	4.	Sich erinnern: Meine Konfirmationserfahrungen	Kartenabfrage zu eigenen Konfirmations-erfahrungen	Moderations-karten, Moderationstafeln, Eddings

Zeitbedarf: 1 Stunde, 45 Minuten

Samstagvormittag

Zeit	Nr.	Inhalt	Aktion	Material
75 Min.	5.	Kurze Geschichte der Konfirmation	Referat, Rückfragen und Gespräch	Visualisierung des Referates (M1)
90 Min.	6.	Wie müsste die Konfirmation bzw. die Konfirmandenarbeit gestaltet werden, damit der jeweilige Aspekt deutlich wird?	Arbeitsgruppen zu einzelnen theologischen Aspekten der Konfirmation, Plenum: Vorstellung der Gruppenergebnisse und Diskussion	Flipchart-bögen
15 Min.	7.	Welche Aspekte der Konfirmation sind heute wichtig? Auf welche muss in der Konfirmation und in der Konfirmandenarbeit Wert gelegt werden?	Plenumsgespräch	Moderations-tafel

Zeitbedarf: 3 Stunden

Samstagmittag

Zeit	Nr.	Inhalt	Aktion	Material
30 Min.	8.	Anthropologische Aspekte der Konfirmation	Referat, Rückfragen und Gespräch	Visualisierung des Referates (M1)
45 Min.	9.	Welche anthropologischen Motive lassen sich mit welchen theologischen Motiven in Beziehung setzen bzw. gut verbinden?	Arbeitsgruppen Plenum: Vorstellung der Gruppenergebnisse und Diskussion	Flipchart-bögen, Moderations-tafeln

90 Min.	10.	Die Agenden zur Konfirmation	Gruppenarbeit: Wir prüfen anhand der alten und neuen Agende Konfirmation, welche Aspekte in den Liturgien betont oder berück-sichtigt werden. Plenum: Vorstellung der Gruppenergebnisse und Diskussion	Kopien: Liturgie der Konfirmation aus der alten und neuen Agende

Zeitbedarf: 2 Stunden, 45 Minuten

Samstagabend

Zeit	**Nr.**	**Inhalt**	**Aktion**	**Material**
60 Min.	11.	Erarbeitung von Texten und Gebeten für die Liturgie der Konfirmation	Gruppenarbeit/ Partnerarbeit Plenum: Vorstellen der Gruppenergebnisse und Beratung	evtl. Agenden und Gebete aus Büchern zur Konfir-mation

Zeitbedarf: 1 Stunde

Sonntagvormittag

Zeit	**Nr.**	**Inhalt**	**Aktion**	**Material**
45 Min.	12.	Beteiligung von Ehren-amtlichen an der Konfirmation	Rundgespräch	Flipchart-bögen
75 Min.	13.	Planung einer Konfirmation	Gruppenarbeit: Planung von Einzelschritten zum Ablauf einer Konfir-mation, Plenum: Vorstellen der Gruppenergebnisse	
30 Min.	14.	Rückblick und Vorblick	Feedbackrunde	

Zeitbedarf: 2 Stunden, 30 Minuten

IV. Beispiel aus dem Verlaufsplan

Zu 4: Sich erinnern: Meine Konfirmationserfahrungen

In dieser Einheit sollen die TN ihre Konfirmationserfahrungen reflektieren: die Erfahrungen mit der eigenen Konfirmation und/oder Erfahrungen mit Konfirmationen, die sie erlebt haben.
Kartenabfrage.

Impuls: *Wenn wir gemeinsam über die Konfirmation nachdenken, dann ist es gut, sich der eigenen Erfahrungen mit dieser Feier zu vergewissern. Bitte erinnert euch nun an Konfirmationsfeiern, die ihr erlebt habt. Das kann eure eigene Konfirmation sein, oder Konfirmationen, bei denen ihr dabei wart. Was haben ihr dabei erlebt? Was haltet ihr im Blick auf Konfirmationen für wichtig? Was war für euch bedeutungsvoll? Denkt nicht nur an den Konfirmationsgottesdienst, sondern auch an das, was davor und danach kommt. Jeden Gedanken, jeden Aspekt schreibt bitte auf je eine einzelne Karte, damit wir nachher diese Karten sammeln und hier an der Moderationstafel sortieren können.*

Die TN stellen ihre Karten vor und heften sie an die Moderationswand. Dabei soll schon versucht werden, Themenkreise bzw. gemeinsame Aspekte zusammen zu hängen (Cluster bilden).
Auswertung im Plenum: *Was kann wahrgenommen werden? Welche Schlussfolgerungen lassen sich aus euren Erfahrungen ziehen? Lassen sich besondere Schwerpunkte erkennen, aus denen dann Kriterien für die Gestaltung der Konfirmation abgeleitet werden können?*
Die Schwerpunkte und Kriterien werden auf einer separaten Moderationstafel notiert.

Die weiteren Arbeitsschritte sowie die vollständigen Erläuterungen zum Verlaufsplan finden sich in ausführlicher Form auf der beiliegenden CD-ROM.

V. Schlussbemerkungen

Was noch erwähnenswert ist

Die Schulungseinheit ist mit Teams aus unterschiedlichen Gemeinden durchgeführt worden. Dabei hat sich gezeigt, dass vor allem ältere Teamer mit sehr viel Gewinn mitgearbeitet haben. Für jüngere Teamer (Jugendliche) erfordert die strenge, stark auch textbezogene Arbeit erhebliche Anstrengungen, deshalb muss auf ausreichende Pausenzeiten geachtet werden und zwischendurch sollten Auflockerungsspiele nicht fehlen.

Jüngere und ältere Teamer haben aber gemeinsam sehr intensiv und gerne an der Planung der Konfirmationsgottesdienste gearbeitet. Die erarbeiteten Gottesdienste sind in den Gemeinden so auch umgesetzt worden.

Es geht in dieser Einheit vor allem um die Vermittlung folgender Kompetenzen:

- *Religiöse Kompetenz:* als Fähigkeit, die eigene religiöse Prägung als Beitrag zum Gespräch zu verstehen und mit den religiösen Prägungen anderer Menschen ins Gespräch zu bringen.
- *Liturgische Kompetenz:* als Fähigkeit, Andachten und Gottesdienste zu planen und zu gestalten.
- *Sachkompetenz:* als Fähigkeit, über religiöse Sachverhalte – hier Theologie und Anthropologie der Konfirmation – Auskunft geben zu können.
- *Hermeneutische Kompetenz:* als Fähigkeit, Zeugnisse früherer und gegenwärtiger Generationen zu verstehen und auf ihre Relevanz für Gegenwart und Zukunft hin zu prüfen und auszulegen.

Rahmenbedingungen

Es wird kein besonderes Setting vorausgesetzt. Schön wäre es aber, wenn die Seminartage liturgisch gerahmt wären.

Literatur

Domay, Erhard (Hg.): Konfirmation. Gottesdienstpraxis Serie B, Gütersloh 1985; 1990; 1997; 2003.

Agenden zur Konfirmation (verschiedene Auflagen), besonders die neueste Agende der VELKD und EKU (Konfirmation. Agende Band III, neu bearbeitete Ausgabe 2001).

2.6 Beten/Gebet – ein Wochenendseminar

Heinz Adler

I. Ziele

Das Gebet ist in fast allen Religionen eine zentrale Erscheinung. Diese Schulungseinheit sensibilisiert für verschiedene Formen des Gebets und ermöglicht einen vielschichtigen Zugang zum Beten. Neben der theologischen Kompetenz wird auch die kommunikative Kompetenz gefördert, denn die Einheit lebt vom Austausch und dem gegenseitigen Wahrnehmen dessen, was die einzelnen TN mit dem Gebet verbinden.

II. Hinführende Gedanken

Wir setzen das »Beten-Können« fast selbstverständlich voraus, doch weder für Mitarbeitende noch für Konfirmandinnen und Konfirmanden ist es selbstverständlich. Gewiss hat jede und jeder Erfahrungen mit dieser zentralen Ausdrucksform des Glaubens, doch selten gibt es ausreichend Gelegenheit, darüber tiefer nachzudenken. Wie steht das Gebet in Beziehung zu Gott, zu meinem eigenen Denken und Wollen? Werden Gebete erhört und wenn nicht, warum? Ist das Gebet nur ein Selbstgespräch?
Das Gebet ist die bewusste Wahrnehmung der eigenen Gottesbeziehung in der ausdrücklichen Anrede an Gott, der das Geheimnis der Welt ist. Wir werden vor Gott wesentlich darin »Ich« und Gott erschließt sich uns, indem der Mensch aus sich heraustritt. Aus interpersonaler Sicht ist das Gebet eine Selbstbegegnung besonderer Art. Es ist auch Identifizierung mit der religiösen Tradition und so die Möglichkeit, persönliche Unmittelbarkeit zum Göttlichen zu gewinnen. So ist das Gebet eigentlich die dankbare Resonanz auf die Erfahrung, dass das Leben ein Geschenk ist. Es geht deshalb weniger um eine rationale Auseinandersetzung mit dem Gebet, als vielmehr um eine emotionale Einstimmung in eine dankbare Grundhaltung.

III. Ablaufplan der Schulungseinheit

Freitagabend

Zeit	Nr.	Inhalt	Aktion	Material
10 Min.		»Mein Name, wo ich herkomme und was ich euch von mir zum Thema Gebet/ Beten mitteilen möchte«.	Plenum, Stuhlkreis, Vorstellungsrunde	
10 Min.		Technika klären: Tagesablauf und Themen des Seminars werden vorgestellt.	Informationsweitergabe	Seminarverlauf auf Flipchart
30 Min.	1.	Zitate und Aphorismen zum Gebet – Ich entscheide mich und beziehe Stellung!	Einzelarbeit und Plenumsrunde zur Auswertung	Karten mit Zitaten und Aphorismen (M1)
60 Min.	2.	Die TN erstellen ihr Stimmungsbarometer der vergangenen Woche und sammeln in einem Kästchen Symbole für ihre Stimmungen als Schritt hin zum Gebet.	Einzelarbeit zu einem Stimmungsbarometer und Gestalten eines Gebets-Kästchens, Auswertung im Plenum	Pappschachteln, Symbole, Karten (Format DIN A7), Zeitschriften, Illustrierte, Stimmungsbarometer (M2)
10 Min.		Liturgischer Abschluss des Tages	Tagesausklang	

Zeitbedarf: 2 Stunden

Samstagvormittag

Zeit	Nr.	Inhalt	Aktion	Material
10 Min.		Liturgischer Tageseinstieg		
10 Min.		Reste vom Vortag: Gibt es etwas, was ihr heute morgen noch los werden möchtet, etwas, was euch gestern oder in der Nacht bewegt hat?	Plenumsrunde	

25 Min.	3.	Übung: Das erste Gebet, das es gegeben haben könnte.	Übung mit Fantasiereise, Plenumsrunde zur Auswertung	Karten, Stifte
45 Min.	4.	Interaktion mit Psalm 23: Nähe und Ferne Gottes werden anhand von drei Fragen an Psalm 23 erarbeitet.	Interaktionsübung und Auswertung im Plenum	Textstreifen der Fragen, Teelichte, Psalm 23 – groß, Scheren
45 Min.	5.	Die TN erstellen eine Collage mit Bild und Text zu verschiedenen Formen des Gebets.	Gruppenarbeit zu den fünf Arten des Gebetes	Plakate: fünf Arten des Gebets, Zeitschriften, Illustrierte, Plakate
45 Min.	6.	»Meine Beziehung zu Gott!« Die TN reflektieren ihre Beziehung zu Gott und stellen sie in einem Bild dar.	Malaktion	schwarzer Karton, Jaxon-Kreide

Zeitbedarf: 3 Stunden

Samstagnachmittag

Zeit	Nr.	Inhalt	Aktion	Material
90 Min.	7.	»Die Tradition des Gebetes in einer Kirche erspüren«. Die TN sollen sich in einer Kirche Gebete vergegenwärtigen und diese aufschreiben.	Exkursion: Eine Kirche als besonderen Ort des Gebets wahrnehmen	Musik, Karten, Stifte
30 Min.	8.	»Beten ist wie …« Trios entwickeln Standbilder oder Szenen zum Impuls: »Beten kann sein wie …«	Standbilder und Szenen zum Gebet	
45 Min.	9.	In einer gelenkten Fantasie sollen die TN den Willen Gottes imaginieren. Der Austausch gilt der Frage, wie das Verhältnis zwischen unserem Willen und Gottes Willen zu bestimmen ist.	Fantasiereise	Schreibmaterial
15 Min.	10.	»Ball jonglieren«	Auflockerungsspiel	Luftballons

Zeitbedarf: 3 Stunden

Samstagabend

Zeit	Nr.	Inhalt	Aktion	Material
45 Min.	11.	Verschiedene Psalmworte sollen mit verschiedenen Gebetsgesten ausprobiert werden: Was passt zu was?	Gebetsgesten ausprobieren	Arbeitsblatt mit Gebetsgesten (M3), Karten mit Psalmworten (M4)
45 Min.	12.	Die TN gestalten ein Stimmungsbild oder Wortbild zum Vaterunser.	Gestaltung eines bedeutenden Wortes aus dem Vaterunser	Karton, Wachsmalkreide
15 Min.		Geschichte vom betenden Gaukler + Text zum Gebet	Tagesabschluss	Geschichte vom betenden Gaukler (M5)

Zeitbedarf: 1 Stunde, 45 Minuten

Sonntagvormittag

Zeit	Nr.	Inhalt	Aktion	Material
10 Min.		Liturgischer Tageseinstieg		
10 Min.		Befindlichkeitsrunde: »Wie bin ich da, wie geht es mir heute morgen?«	Plenum	
60 Min.	13.	Bemerkungen zum Beten/Gebet	Kurzreferat, Nachfragen und Diskussion	Visualisierung (M6)
60 Min.	14.	Das Vaterunser wird in kleinen Gruppen mit verschiedenem Auslegematerial veranschaulicht.	Kreatives Gestalten von Bodenbildern zum Vaterunser	Texte zum Vaterunser (M7), Flipchartbögen, Bodenbildmaterial
30 Min.	15.	In verschiedenen Arten das Vaterunser zu sprechen, wird »das eigene« Wort gefunden und ins Gespräch gebracht.	Bewegungsübung: Vaterunser – sprechend gehen	
30 Min.		Feedback		

Zeitbedarf: 3 Stunden, 20 Minuten

IV. Beispiel aus dem Verlaufsplan

Zu 7: Die Tradition des Gebetes in einer Kirche erspüren

Wir betreten die Kirche mit einem Kanon: »Ausgang und Eingang, Anfang und Ende …« und singen diesen Kanon im Pilgerschritt (rechts vor, links vor, rechts vor – Wiegeschritt – rechts vor, links vor usw.). Die TN sollen sich im Kirchenraum verteilen, so dass sie sich nicht gegenseitig stören und sich »ihren« Platz suchen.

Impuls: *Auf diesem Platz sitzen und saßen Menschen seit Generationen. Versucht etwas zu spüren von diesen Menschen. Was haben sie hier gebetet, was sich erfleht, was hat ihnen Angst gemacht und sie erfreut? Fühlt euch in einen dieser Menschen ein. Was ist das für ein Mensch? Wie ging es ihm? Was bewegt ihn? Und nun: Was hat dieser Mensch gebetet? Schreibt ein Gebet dieses Menschen auf ein Blatt! Ihr könnt vielleicht so schreiben: Ich bin eine alte Frau und hier ist mein Gebet: … Schreibt es gut leserlich – wir werden nachher in der Kirche herumgehen und gegenseitig wahrnehmen, welche Gebete hier im Raum versammelt waren und sind. Ich lasse nun etwas Musik laufen* (z. B. Gregorianik, Taizé o. ä.) *und bitte euch, euch Zeit zu lassen für diese Übung. Euer Gebet muss nicht schön sein, aber echt!*

Nun legt euer Gebet auf den Platz und geht sehr, sehr langsam durch die Kirche und schaut euch die Gebete an.

Es ist möglich, die Gebete wirklich an den Plätzen liegen zu lassen und so für die nächsten Gottesdienstbesucher lesbar zu machen.

Auswertung:

- *Wie ging es euch mit dieser Übung?*
- *Was war leicht, was war schwer?*
- *Was habt ihr an den Gebeten wahrgenommen?*

Liturgischer Abschluss

- Psalm 23 oder Vaterunser
- Auszug aus der Kirche im Pilgerschritt und mit dem Kanon: »Ausgang und Eingang«.

Die weiteren Arbeitsschritte sowie die vollständigen Erläuterungen zum Verlaufsplan finden sich in ausführlicher Form auf der beiliegenden CD-ROM.

V. Schlussbemerkungen

Was noch erwähnenswert ist

Die Durchführung dieser Einheit mit verschiedenen Ehrenamtlichenteams hat gezeigt, dass es ein großes Bedürfnis gibt, über das Gebet nachzudenken und zu reden. Die Praxis unserer Gemeinden setzt das Beten selbstverständlich voraus, doch für die Menschen ist das Gebet alles andere als selbstverständlich, verbindet sich mit ihm doch ein Bündel an Fragen. Doch selten gibt es für diese Fragen einen Ort. So muss in der Durchführung dieser Schulung sehr aufmerksam auf die Fragen geachtet werden und sie brauchen genügend Raum. Eine liturgische Rahmung und ausreichend Pausenzeiten sind einzuplanen.

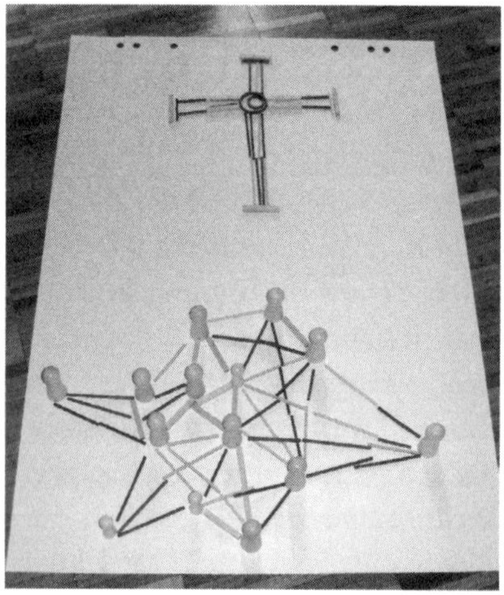

Ein Bodenbild zum »Vaterunser« aus Punkt 14. Nähere Ausführungen hierzu auf der CD-ROM Foto © beim Autor

Setting/Rahmenbedingungen

Der Raum sollte eher großzügig bemessen sein, damit die einzelnen Gruppenaktionen möglich sind.

Literatur

Vopel, Klaus/Wilde, Bernhard: Glaube und Selbsterfahrung im Vaterunser. 3. Aufl., Hamburg 1985.

PTZ (Hg.): Anknüpfen. Praxisideen für die Konfirmandenarbeit, Stuttgart 2005.

Adam, Gottfried u.a. (Hg.): Raum für Begegnungen mit Gott. KU-Praxis, Heft 34, Gütersloh 1996.

2.7 Gottesbilder – im Rahmen eines Starter-Seminars zur Grundausbildung ehrenamtlich Mitarbeitender in der Konfirmandenarbeit – ein Wochenendseminar

Hartmut Feußner

I. Ziele

In jeder Kirchengemeinde findet Konfirmandenunterricht statt. Erfreulicher Weise engagieren sich vielfach ehrenamtliche Mitarbeiterinnen und Mitarbeiter in der Konfirmandenarbeit. Das Starter-Seminar im Rahmen der Grundausbildung KoMit will die Bereitschaft zur Mitarbeit stützen und fördern. Es wendet sich deshalb vornehmlich an Jugendliche und junge Erwachsene, die entweder schon aktiv mitarbeiten oder erst mit ihrer Mitarbeit beginnen wollen.
Was die Teilnehmenden am Ende dieses Seminars können: Die Teilnehmenden (TN) haben sich mit ihren eigenen Erfahrungen aus ihrer Konfirmandenzeit beschäftigt. Sie haben ihre neue Rolle in der Konfirmandenarbeit bedacht und ihre Erwartungen und Befürchtungen sowie erste Fragen zum Ausdruck gebracht. Sie haben einige Methoden kennen gelernt, die sich auch für die Arbeit mit Konfirmandinnen und Konfirmanden eignen, und zwar im Zusammenhang mit ihren eigenen Gottesbildern.

II. Hinführende Gedanken

Konfirmandenarbeit (KA) kann durch die Mitarbeit von Ehrenamtlichen an Profil gewinnen. Die Beteiligung von Ehrenamtlichen macht zugleich deutlich, dass KA keine Veranstaltung der Pfarrerin oder des Pfarrers, sondern ein Angebot der Kirchengemeinde an die heranwachsende Generation ist.
Ehrenamtliche werden von Konfirmandinnen und Konfirmanden anders wahrgenommen als Pfarrerinnen und Pfarrer. Sie sind keine »Berufschristen, die glauben müssen«, sondern leben ihren Glauben im Engagement mit und für diese Jugendlichen. Konfirmandinnen und Konfirmanden erleben an diesen Ehrenamtlichen, was es heißen kann, sich auch nach der Konfirmation in der Gemeinde zu engagieren.
Sie erleben diese Helfer als authentische, glaubwürdige Christen in ihrem eigenen Alter.

Entwicklungspsychologische Forschungen haben versucht, die so genannten »Stufen des Glaubens« (Fowler) herauszuarbeiten. Bei Jugendlichen in diesem Alter wird der Glaube seiner Struktur nach meist als synthetisch-konventionell beschrieben. Das bedeutet u. a., dass der Glaube auch dadurch an Plausibilität für Jugendliche gewinnt, wenn viele ihrer Bezugspersonen diesen Glauben teilen. Ehrenamtlich Mitarbeitende sind auch von daher Zeugen des Glaubens für Gleichaltrige.
Auch deshalb erscheint es notwendig, Ehrenamtliche zu schulen, um sie in ihrer eigenen Rolle zwischen Konfirmandinnen und Konfirmanden und Pfarrerinnen bzw. Pfarrern zu stärken, um sie sprachfähiger werden zu lassen in Fragen des Glaubens, um sie handlungsfähiger zu machen im Umgang mit den Jugendlichen und der Gruppe sowie in der Umsetzung verschiedener Themen. In dem Starter-Seminar wird auf eigene Erfahrungen aus der Konfirmandenzeit, die die eigenen ehrenamtlichen Tätigkeiten mit beeinflussen, Bezug genommen. Außerdem soll Hilfestellung geboten werden, sich seine neue Rolle im Gegenüber zu den Jugendlichen bewusst zu machen.
Methodische Kompetenz und »kreatives Handwerkszeug« kann nicht losgelöst von Themen und Fragestellungen erörtert und gewonnen werden. Deshalb bietet sich an, im Rahmen eines Starter-Seminars mit methodischen Zugängen zum eigenen Glauben und zu den eigenen Gottesbildern einzusetzen.

III. Ablaufplan der Schulungseinheit

Freitagabend

Zeit	Nr.	Inhalt	Aktion	Material
30 Min.	1.	Einchecken der TN, Ankommen, erstes Kennenlernen	Namensschilder	Tonkarton, Scheren, Kleber
45 Min.	2.	Spiele und Übungen zum Kennenlernen	Körperbilder	Makulaturpapier, Stifte
75 Min.	3.	Annäherung an das Thema: Eigene Erfahrungen und Erwartungen	Kristallisationsspiel: die TN ordnen sich verschiedenen Bildern zu	Bilder (z.B. aus aus dem Spiel Lifestyle), Beispiele aus der Erprobung (M1)

15 Min.	4.	Tagesausklang	Quellentanz	
		Gemütliches Beisammensein: die TN lernen sich besser kennen	Spielecafé	verschiedene Spiele

Zeitbedarf: 2 Stunden, 45 Minuten

Samstagvormittag

Zeit	Nr.	Inhalt	Aktion	Material
15 Min.	5.	Warm-up – Reste von gestern	Morgenimpuls: »Wachklopfen«	
90 Min.	6.	»Meine Konfirmandenzeit«	Schreibwerkstatt, Malwerkstatt, Collagen	Papier, Stifte, Farben, Kleber, Zeitschriften, Mindmap (M2), Beispiel Schreibwerkstatt (M3), Beispiel Malwerkstatt (M4), Beispiel Collage (M5)
60 Min.	7.	Präsentation der Ergebnisse	Vernissage	

Zeitbedarf: 1 Stunde, 45 Minuten

Samstagnachmittag

Zeit	Nr.	Inhalt	Aktion	Material
60 Min.	8.	Meine Vorstellungen und Wünsche von Konfirmandenarbeit	Standbilder bauen in mehreren Gruppen	
90 Min.	9.	Meine Fragen zur Konfirmandenarbeit	TN beschriften pro Frage einen Zettel, am Wandbild ordnen	Zettel und Stifte

Zeitbedarf: 1 Stunde, 30 Minuten

Samstagabend

Zeit	Nr.	Inhalt	Aktion	Material
90 Min.	10.	Gott in meinem Leben	TN kneten Gottesbilder	Knete, Beispiele aus der Erprobung (M6)
30 Min.	11.	Tagesausklang (zu den Gottesbildern)		Geschichte: »Spuren im Sand«
		Gemütliches Beisammensein	Spielecafé	diverse Spiele

Zeitbedarf: 2 Stunden

Sonntagvormittag

Zeit	Nr.	Inhalt	Aktion	Material
90 Min.	12.	Gottesdienst	Gottesdienstspaziergang mit Abendmahlsfeier	Material fürs Abendmahl
45 Min.		Reflektion des Seminars		
		Packen und gemeinsames Aufräumen		
		Verabschieden und Abfahrt der TN		

IV. Beispiel aus dem Verlaufsplan

Zu 10: Gott in meinem Leben

Gottesbilder kneten:

Impuls: *Wir alle haben verschiedene Erfahrungen und Vorstellungen, wie sich Gott in unserem Leben bemerkbar macht. Um dies auszudrücken, verwenden wir Symbole. Wir sprechen von »Gottes Angesicht«, wir bezeichnen ihn als »Licht«. Es gibt eine Vielzahl von Symbolen, wie zum Beispiel ein Auge, ein weltumspannendes Netz, eine geöffnete Hand, ein freundliches Gesicht u.a.m., mit denen Menschen ihr Verhältnis zu Gott und ihr Gottesbild ausdrücken. Überlege, welches Symbol für dein Gottesbild und dein Verständnis von Gott passend ist. Wir wollen diese Symbole anschaulich machen, indem wir sie versuchen, mit Knete zu formen und zu gestalten.*

Rezept für selbst hergestellte Knete:
400 g Mehl, 200 g Salz, 2 El Alaun (ca. 11 g oder 2 El Weinsteinsäure). Zutaten vermengen. 0,5 l kochendes Wasser (eher weniger) mit 3 El Speiseöl und 1 Messerspitze Lebensmittelfarbe hinzufügen. Mit Handrührgerät vermengen. Eventuell das Öl beifügen. Luftdicht verpackt ist die Knete im Kühlschrank $^{1}/_{2}$ Jahr haltbar.

Die Symbole erleichtern den Einstieg in ein Gespräch über Gottesvorstellungen und über je eigene Erfahrungen mit Gott.

Die weiteren Arbeitsschritte sowie die vollständigen Erläuterungen zum Verlaufsplan finden sich in ausführlicher Form auf der beiliegenden CD-ROM.

V. Schlussbemerkungen

Was noch erwähnenswert ist

Dieses Starter-Seminar für Ehrenamtliche, wurde in Zusammenarbeit mit dem Stadtjugendpfarramt Kassel in einem Team aus Theologen und Sozialpädagogen/Diakonen geplant und durchgeführt.

Setting/Rahmenbedingungen

Der Gottesdienstspaziergang bezieht sich auf das Umfeld des Jugendheims, in dem dieses Starterseminar stattfand. Von daher müsste er auf die eigenen Gegebenheiten modifiziert werden.

Literatur

Meyer, Hilbert: Unterrichtsmethoden II. Frankfurt/Main 1987.

2.8 Live and let die – Tod und Leben nach dem Tod – ein Wochenendseminar

Hartmut Feußner

I. Ziele

Die Frage nach Leben und Tod und nach einer Hoffnung über den Tod hinaus zählt zu den Grundsatzfragen des Christentums wie aller Religionen. Von daher ist es notwendig, sich in der Konfirmandenarbeit, aber auch in der Schulung der Mitarbeitenden damit zu beschäftigen.

Ziel: Die Teilnehmenden (TN) haben sich mit fremden und ihren eigenen Erfahrungen im Blick auf die Frage nach einem Leben nach dem Tod und einer begründeten Hoffnung über den Tod hinaus auseinandergesetzt.
Sie sind sprachfähig(er) geworden, ihren Glauben und ihre Hoffnung in dieser Frage auszudrücken. Sie haben ihre methodische Kompetenz erweitert, können also mit den kennen gelernten Methoden, Materialien und Arbeitsschritten das Thema in der eigenen Konfirmandenarbeit umsetzen.

II. Hinführende Gedanken

Für Konfirmanden und Konfirmandinnen (KuKs) ist die Frage nach dem Tod und dem, was dann kommen kann, sehr bedeutsam. »Die brennende Frage ist die, ob es nach dem Tod weitergeht oder nicht« (Karl Ernst Nipkow, Erwachsenwerden ohne Gott?, 5. Aufl., Gütersloh 1997, S. 64).
Die Teilnehmenden (TN) dieses Seminars wollen und sollen sich bewusst dieser Frage stellen. Schließlich ist sie nicht nur für Konfirmandinnen und Konfirmanden, sondern auch für (jugendliche) Mitarbeiterinnen und Mitarbeiter von Interesse.
Die Jugendlichen sind ebenso wenig wie die Konfirmandinnen und Konfirmanden unbeschriebene Blätter in dieser Frage. Sie suchen sich Antworten im Rahmen einer so genannten Patchwork-Religiosität und bedienen sich auch Antworten aus anderen Religionen, z.B. der Vorstellung der Wiedergeburt, auch wenn sich dabei der ursprüngliche Deutungshorizont verschieben mag.

In dem allem stellt sich die Frage nach Plausibilität eines Glaubens an ein Leben nach dem Tod angesichts einfacher materialistischer Leugnung. Antworten des christlichen Glaubens, christliche Hoffnung über den Tod hinaus sollen durch Texte aus der Bibel erfahren werden.
Zu berücksichtigen ist: Das Thema Tod und Sterben und Leben nach dem Tod ist sehr sensibel. Man kann davon ausgehen, dass die meisten TN Erfahrungen mit Tod und Sterben mitbringen, sei es im erweiterten Familien- oder Freundeskreis, sei es durch den Abschied von einem Haustier, der durchaus auch schmerzhaft erlebt worden sein kann.
Die Intention dieses Seminars zielt allerdings nicht auf eine seelsorgerliche Begleitung. Seelsorgerliche Aspekte können sich im Umfeld bei der Durchführung ergeben, wenn das Reden über Tod und Sterben mögliche schmerzliche Erinnerungen wieder neu wachruft. Die Situation erfordert dann selbstverständlich Einfühlungsvermögen von den Fortbilderinnen und Fortbildern sowie von den anderen Seminarteilnehmerinnen und -teilnehmern.
Sich dieser Problematik bewusst, versucht das Seminar deshalb zu Beginn durch Verfremdung gegenzusteuern. Enttabuisieren durch Lachen – deshalb Karikaturen und Zitate zum Thema Tod.
Der Blick geht dann zunächst auf »Fremderfahrungen« des Tabuthemas: Tod und gibt es ein Leben danach?
Eigene Assoziationen folgen erst im zweiten Schritt.
Verschiedene Antworten auf die Frage nach der Hoffnung über den Tod hinaus sollen an Hand verschiedener Textarbeiten erschlossen werden. Dabei, wie im Laufe der gesamten Seminarreihe, lernen die TN auch hier Methoden kennen, die sich für die Arbeit mit Texten im Rahmen der Konfirmandenarbeit eignen. Dieser Schritt dient der eigenen kognitiven Verarbeitung.
Die kreativen Elemente sollen Ausdrucksmittel v.a. emotionaler Verarbeitung sein. Angeleitet nach einer Fantasiereise, dem Thema gemäß, bauen die TN ihre eigenen ›Jenseitskisten‹, um ihrem persönlichen Glauben in dieser Frage Ausdruck zu verleihen.
Die Erarbeitung verschiedener Symbole an einem besonderen Lernort (Gang zum Friedhof) im Zusammenhang mit der Frage nach Tod und ewigem Leben rundet das Wochenende ab.
Das gesamte Wochenende ist so konzipiert, dass die TN an Hand der kennen gelernten Methoden, Materialien und Arbeitsschritte selber ein gleiches Wochenende in ihren Konfirmandengruppen umsetzen können.

III. Ablaufplan der Schulungseinheit

Wochenendseminar

Freitagnachmittag

Zeit	Nr.	Inhalt	Aktion	Material
45 Min.	1.	Spiele und Übungen zum Kennenlernen	Interviewcollage; Zitate und Karikaturen	Karikaturen (M1)
75 Min.	2.	Annäherung an das Thema	Stummes Schreibgespräch zum Thema »Tod«, »Sterben«, »Leben nach dem Tod« mit Auswertung	große Papierbögen, Stifte, Beispiele aus der Erprobung (M2)
30 Min.	3.	Tagesausklang	Labyrinth des Lebens	Steine, Teelichte, evtl. Wollfäden
		Gemütliches Beisammensein	Filmcafé	z.B. »Lang lebe Ned Divine«

Zeitbedarf: 1 Stunde, 30 Minuten

Samstagvormittag

Zeit	Nr.	Inhalt	Aktion	Material
15 Min.		Warm-up – Reste von gestern		
150 Min.	4.	Erfahrungen anderer zu Tod, Sterben und Hoffnung über den Tod hinaus	Arbeit mit Texten: Liedtext, Bibeltexte, zeitgenössische Geschichten	Papier, Stifte, Liedtext (engl./dt.) »tears in heaven«, Arbeitsblatt zum Lied (M4)

Zeitbedarf: 2 Stunden, 45 Minuten

Samstagnachmittag

Zeit	Nr.	Inhalt	Aktion	Material
60 Min.	5.	Grenzerfahrungen kennen lernen (Nahtoderlebnisse; Jenseitserfahrungen) und kritisch würdigen	Diskussion über einen Beitrag aus dem Fernsehen zu diesem Thema	Video: z.B. ›Jenseitsreisen – Erfahrungen an der Grenze des Todes‹ FWU 2001
30 Min.	6.	Eigene Assoziationen zum Thema	Fantasiereise	
90 Min.	7.	Visualisieren der eigenen Bilder und Eindrücke	Jenseitskisten gestalten	Schuhkartons, Kleber, Federn, Muscheln, Sand, Watte, Engelfiguren etc., Beispiele für Jenseitskisten (M5)

Zeitbedarf: 3 Stunden

Samstagabend

Zeit	Nr.	Inhalt	Aktion	Material
15 Min.	8.	Tagesausklang – Abendandacht »Jenseits«		
		Gemütliches Beisammensein	Spielecafé	diverse Spiele

Zeitbedarf: 15 Minuten und offenes Ende

Sonntagvormittag

Zeit	Nr.	Inhalt	Aktion	Material
120 Min.	9.	Symbole zu Tod und Leben nach dem Tod kennen lernen	Erkundungsgang auf dem Friedhof mit anschließender Auswertung	Erkundungsbogen für den Friedhof (M6), Beispielbilder

				aus der Erprobung (M7), Erläuterungen zu Symbolen auf Grabsteinen (M8)
		Reflektion des Seminars		
		Verabschieden und Abfahrt der TN		

Zeitbedarf: 2 Stunden

IV. Beispiele aus dem Verlaufsplan

Zu 9: Friedhofspaziergang

Gemeinsamer Gang über den Friedhof als Wahrnehmungsschulung: Auf dem Friedhof werden die Teilnehmerinnen und Teilnehmer zuerst mit dem Ort vertraut gemacht, indem ihnen Verschiedenes auf dem Friedhof gezeigt wird, z. B. wird ihre Aufmerksamkeit auf die symbolische Bedeutung dreier häufig auf dem Friedhof anzutreffenden Pflanzen gelenkt:

- *Efeu:* Zeichen der Unsterblichkeit und seit der Christianisierung Zeichen der Auferstehungshoffnung, Sinnbild des Todes, des ewigen Lebens und der Treue, die drei Ecken erinnern an die Dreieinigkeit Gottes.
- *Eiche:* Zeichen der Unsterblichkeit, ein Bild der Kraft und der Stärke.
- *Lebensbaum:* Zeichen der Unsterblichkeit, da seine Lebenserwartung bei über 1500 Jahre liegt.

Selbstständige Erkundung mit Hilfe eines Arbeitsblattes:
Anschließend erfolgt die selbstständige Erkundung des Friedhofes in Einzelarbeit oder in Kleingruppen anhand eines Arbeitsblattes (M6).

Impuls: *Geht bitte allein oder in einer kleinen Gruppe eurer Wahl auf dem Friedhof umher und schaut euch die Gräber und Grabsteine an. Was ihr seht, sollt ihr mit Hilfe dieses Arbeitsblattes, der leeren Blätter und Graphitstifte festhalten.*

M7 enthält Beispielbilder aus der Erprobung.

Auswertung des Erkundungsganges:
Die Zettel mit den Symbolen der Grabsteine werden präsentiert und erste Deutungsversuche der TN angeregt.

Impuls: *Wir wollen nun zusammentragen, welche Symbole ihr auf den Grabsteinen gefunden habt. Heftet deshalb bitte die einzelnen Zettel wie ein Wandfries an die Wand. Im Anschluss kann jede und jeder den anderen erklären, was er gezeichnet hat und, wenn möglich, was das für ihn bedeutet.*

Viele der Symbole auf Grabsteinen haben einen christlichen Hintergrund, der nicht immer augenscheinlich ist. Zum einen um den TN selbst die Bedeutung der Symbole zu erschließen, zum anderen um den TN bei einer Umsetzung des Themas in der eigenen Konfirmandenarbeit eine inhaltliche Hilfestellung zu geben, werden einige der häufigsten Symbole noch einmal auf einem Arbeitsblatt erklärt.

Impuls: *Viele der von euch gesammelten Symbole haben einen christlichen Hintergrund, der nicht immer sofort erkennbar ist. Was sie im christlichen Kontext bedeuten, könnt ihr auf diesem Arbeitsblatt nachlesen* (M8).

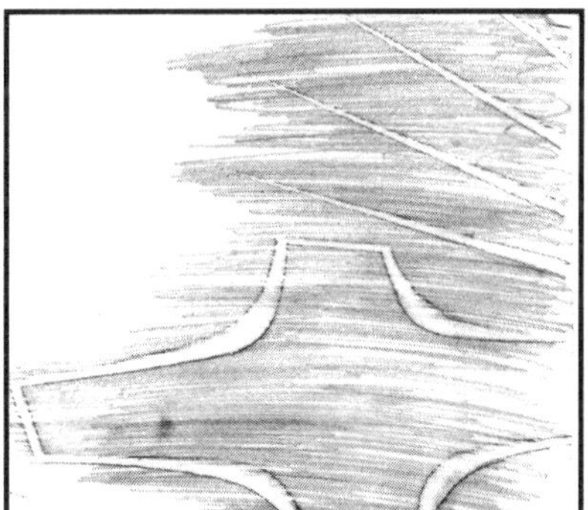

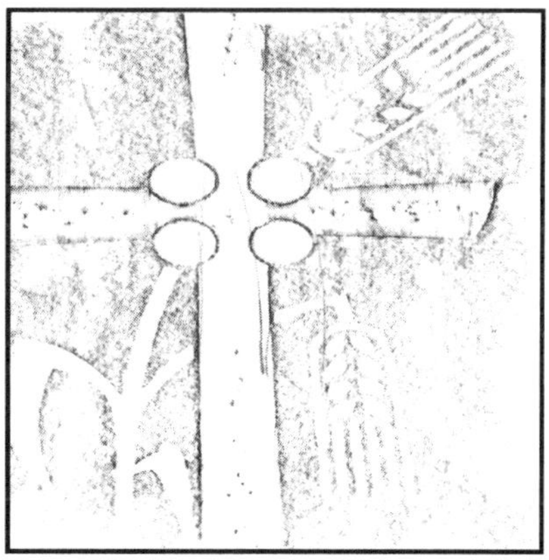

Fotos © KoMit-Team, Kassel

Die weiteren Arbeitsschritte sowie die vollständigen Erläuterungen zum Verlaufsplan finden sich in ausführlicher Form auf der beiliegenden CD-ROM.

V. Schlussbemerkungen

Was noch erwähnenswert ist

Dieses Wochenendseminar ist in der Durchführung, salopp gesagt, material- und medienintensiv. Selbst wenn man im Rahmenprogramm am Freitagabend auf das Filmcafé, also auf den Film »Lang lebe Ned Divine« verzichtet, wird die Auseinandersetzung mit der wissenschaftlichen Analyse der Nahtoderlebnisse doch an Hand eines Videos der FWU geleistet. Von daher müssen nicht nur die Medien, sondern auch die technischen Voraussetzungen dafür vorhanden sein. Alternativ kann man diesen Aspekt auch über schriftliche Eingaben einbringen und erörtern – m. E. allerdings weniger eindrücklich als mit diesem Eindrucksmedium, dem Video »Jenseitsreisen«. Die Rückmeldungen der bisherigen TN, überwiegend Jugendliche aus verschiedenen Kasseler Kirchengemeinden, die sich für die Mitarbeit in der Konfirmandenarbeit qualifizieren lassen wollten, legen das nahe.
Als Baumaterialien für die Jenseitskisten ist eigentlich alles denkbar und geeignet. Schuhkartons lassen sich leicht organisieren, wenn man bei Schuhgeschäften rechtzeitig nachfragt und sich leere Kartons reservieren lässt. Die Mühe lohnt sich in jedem Fall.

Setting/Rahmenbedingungen

Die Zeitangaben in Minuten, die im Ablaufplan angegeben sind, haben sich aus der Planung und bei der Durchführung der Schulungen ergeben. Sie können aber in der Durchführung variieren oder bewusst von den Fortbildern bzw. bei der Umsetzung in der Konfirmandenarbeit anders angesetzt werden; sie sollten aber nicht zu knapp bemessen werden. Selbstverständlich ist es eine Aufgabe derer, die dieses Seminar durchführen, auf die Zeit zu achten und den TN bei den einzelnen Arbeitsschritten mitzuteilen, wie viel Zeit dafür zur Verfügung steht. Weil dies unseres Erachtens selbstverständlich ist, haben wir die Zeitangaben bei den ausgeführten Impulsen, die die Durchführenden sagen könnten, nicht dezidiert dazugeschrieben; sie müssten also ergänzt werden.

Literatur

Nipkow, Karl-Erst: Erwachsenwerden ohne Gott?, 5. Aufl., Gütersloh 1997.

2.9 Schöpfung: »Stammt der Mensch vom Affen/von Adam ab?« – ein Wochenendseminar

Hartmut Feußner

I. Ziele

Wie alles Leben entstanden ist, woher ich und die Welt überhaupt kommen, sind hochinteressante Fragen für Konfirmandinnen und Konfirmanden. Solchen Fragen Raum zu geben, ist von daher auch in einer Mitarbeiterschulung notwendig.

Durch die Beschäftigung mit naturwissenschaftlichen Erklärungsmustern, mit Schöpfungsmythen und biblischen Texten haben die Teilnehmenden (TN) die ganze Bandbreite der Antworten für die Frage nach der Entstehung des Lebens und der Welt abgeschritten. Sie sind dadurch dialogfähig(er) und sprachfähig(er) geworden, was ihren eigenen Glauben, was christliche Überlieferung und was das Gespräch mit den Konfirmandinnen und Konfirmanden angeht. Außerdem haben sie ihre methodische Kompetenz erweitert, können also mit den kennen gelernten Methoden, Materialien und Arbeitsschritten das Thema in der eigenen Konfirmandenarbeit umsetzen.

II. Hinführende Gedanken

Wer über die Entstehung allen Lebens nachdenkt, stößt schnell auf die vermeintliche Grundsatzfrage nach der Kompatibilität naturwissenschaftlicher und christlicher Erklärungsmuster. Nicht nur Jugendliche fragen schnell nach der einen Wahrheit im Sinne von: Wer hat Recht, Urknall oder Schöpfungsglaube der Bibel?

Wer sich aber mit dieser Frage auseinandersetzt, muss nicht bei einem sich ausschließenden Entweder-Oder landen: entweder die Bibel oder die Naturwissenschaft. So verstanden, wäre die Frage zu kurz gestellt. Deshalb sollen die Teilnehmenden verschiedene Erklärungen der Weltentstehung kennen lernen: aus naturwissenschaftlicher wie aus mythischer und biblischer Sicht. Die Teilnehmenden (TN) sollen in die Lage versetzt werden, in einem Dialog beide als komplementäre Sichtweisen auf ein und denselben Gegenstand zu verstehen.

Ein Dialog bzw. Diskussionen zu einem Thema entstehen aber nur, wenn man beide Seiten betrachtet. Deshalb gehört notwendig dazu, den naturwissenschaftlichen Theorien angemessenen Raum zu geben. Ebenso wichtig ist es, sich den Aussageintentionen verschiedener Schöpfungsmythen und biblischer Texte zu nähern, um nicht einem kreationistischen Missverständnis der biblischen Texte aufzusitzen. Redlichkeit des Glaubens fordert an diesem Punkt nicht ein Opfern der Vernunft.
Damit werden mindestens die Fragestellungen behandelt, denen die TN der Fortbildung von Seiten der Konfirmandinnen und Konfirmanden vermutlich begegnen.
Das Thema »Schöpfung« umfasst aber noch andere Aspekte, als grundsätzlich über Schöpfung und Weltentstehung nachzudenken und zu diskutieren. Als mindestens ebenso virulent und aktuell muss die Frage nach der Bedrohung und Zerstörung bzw. der Bewahrung der Schöpfung angesehen werden. Wenigstens für diese Frage zu sensibilisieren, soll ein Anliegen dieses Wochenendseminars sein.
Ergänzend kommt hinzu, die Vielfalt und Schönheit der Schöpfung wahrzunehmen, zu bestaunen und dafür zu danken.
Der Sinnesparcour ist angedacht als eine Form der Wahrnehmung von Schöpfung. Mit dem abschließenden Brunchgottesdienst wird die Schönheit der Schöpfung gefeiert und alle Elemente des Wochenendes werden noch einmal miteinander verbunden.

III. Ablaufplan der Schulungseinheit

Freitagabend

Zeit	Nr.	Inhalt	Aktion	Material
45 Min.	1.	Kennenlernen der Teilnehmenden	Auswahl eines Gegenstandes und Assoziation dazu mit einer detaillierten Fragestellungen	verschiedene Gegenstände
120 Min.	2.	Kennenlernen verschiedener naturwissenschaftlicher Zugänge zur Entstehung der Welt und des Lebens	Stationenlernen zu naturwissenschaftlichen Erklärungen von Lebens- und Weltentstehung	Vexierbilder, Arbeitsblätter, Legosteine, Videofilm (M1 – M6)

15 Min.	3.	Tagesausklang	Muschelmeditation	verschiedene Muscheln
		Gemütliches Beisammensein	Spiel- und Filmcafé	Film: »Mikrokosmos«, verschiedene Spiele

Zeitbedarf: 3 Stunden

Samstagvormittag

Zeit	Nr.	Inhalt	Aktion	Material
15 Min.		Warm-up – Reste von gestern		
150 Min.	4.	Arbeiten mit Texten – eigene und biblische Schöpfungsgeschichten (-mythen)	Arbeit mit Texten: Bibeltexte	Papier, Stifte, Gegenstände: Ei, Rose von Jericho, Bilder eines Baumes im Wandel der vier Jahreszeiten, Bibeltexte (M7–M11)

Zeitbedarf: 2 Stunden, 45 Minuten

Samstagnachmittag und Samstagabend

Zeit	Nr.	Inhalt	Aktion	Material
90 Min.	5.	Wahrnehmung der Schöpfung	Sinnesparcours mit Stationen zu Riechen, Sehen, Schmecken, Hören, Tasten	Materialien für einen Sinnesparcour
60 Min.	6.	Bewahrung der Schöpfung	Arbeit mit Text von Jörg Zink: Die letzten sieben Tage der Erde	Overheadprojektor, Folien
		Gemütliches Beisammensein	Spielecafé	diverse Spiele

Zeitbedarf: 2 Stunden, 30 Minuten

Sonntagvormittag

Zeit	Nr.	Inhalt	Aktion	Material
90 Min.	7.	Brunch-Gottesdienst		
		Reflektion des Seminars		
		Verabschieden und Abfahrt der Teilnehmerinnen und Teilnehmer		

Zeitbedarf: 1 Stunde, 30 Minuten

IV. Beispiele aus dem Verlaufsplan

Zu 2: Kennenlernen verschiedener naturwissenschaftlicher Zugänge zur Entstehung der Welt und des Lebens

Ein Wochenende bietet auf den ersten Blick viel Zeit für ein Thema. Blickt man jedoch genauer auf die möglichen Arbeitseinheiten, dann bleibt nie genug Zeit, um ein Thema ausschöpfend zu behandeln.
Dennoch wird versucht, ein so weites Thema wie Schöpfung »Stammt der Mensch vom Affen/von Adam ab?«, möglichst intensiv zu bearbeiten. Aus diesem Grund wird nach dem Abendessen noch eine Arbeitseinheit anberaumt, um wenigstens an das Thema heranzuführen – und zwar auf spielerische Weise.

Stationenlernen: Das Stationenlernen ist eigentlich eine Form der Freiarbeit. Mit einem Laufzettel ausgerüstet, bearbeiten Kleingruppen Aufgaben selbsttätig an verschiedenen aufgebauten Stationen. Dazu sollten die Lerngruppen nicht zu groß sein. Beim Stationenlernen können unterschiedliche Teilnehmende zu unterschiedlichen Ergebnissen an den Stationen kommen oder unterschiedliche Fragen aus der Bearbeitung der Stationen mitbringen.
Durch einen anschließenden Austausch der Arbeitsergebnisse können hier die Lernenden einander etwas beibringen oder wenigstens eine Diskussion anregen.
Beim Stationenlernen sollten die Aufgaben etc. an den einzelnen Stationen etwa von gleicher Zeitdauer sein, um einen reibungslosen Wechsel an den Stationen zu ermöglichen.
Stationenlernen eignet sich besonders in Phasen längeren Blockunterrichts,

in denen die Teilnehmenden alle Stationen durchlaufen können und genug Zeit zur Auswertung haben, so wie im Rahmen dieses Wochenendseminars. Aber: Stationenlernen muss nicht zwangsläufig an ein und demselben Tag abgeschlossen sein. Es ist möglich, an mehreren Tagen mit denselben Stationen zu arbeiten – die Gruppen wechseln pro Treffen/Tag eben nur ein- bis zweimal die Station, bevor sie beim nächsten Zusammentreffen dann die anderen Stationen kennen lernen und diese Arbeitsaufträge erledigen.
Stationenlernen muss intensiv vorbereitet werden, damit die einzelnen Stationen in ungefähr der gleichen Zeit zu erledigen sind. Alle Materialien müssen an den Stationen aufgebaut sein; ggf. werden für einige Stationen Betreuer oder Betreuerinnen gebraucht, die entsprechend instruiert sein müssen.

Übersicht über die Stationen (entspricht nicht dem Laufzettel!):

1. Station: (M1 + M2) – Kühe kreuzen
Sinn & Ziel: Bemerken, dass es eine immense Vielfalt gibt, dass aber dennoch die (genetische) Herkunft auch über die (genetische) Zukunft entscheiden kann.

2. Station: (M3) – Film
Film »Zehn hoch« anschauen und sich darüber austauschen.
Sinn & Ziel: Extreme Nähe und extreme Ferne zeigen uns ein ganz anderes Bild unserer Umwelt.

3. Station: (M4) – Optische Experimente
Sinn & Ziel: Wir verlassen uns auf Erfahrungen und Sichtbares. Doch Anschauen ist nicht alles. Wir können die Welt allein durch genaues Betrachten nicht gänzlich verstehen.

4. Station: (M5) – Lückentext zum Weltall
Sinn & Ziel: Informationsvermittlung zur naturwissenschaftlichen Erklärung der Weltentstehung

5. Station: (M6) – Verwandtschaften aufgrund von Aminosäureähnlichkeiten
Sinn & Ziel: Einen Eindruck bekommen, dass ich einzigartig und doch mit anderen (Lebewesen) verwandt bin. Wer im »Stammbaum« so alles auftaucht, kann verdeutlichen, wo der Mensch seinen Platz hat (M7).

Impuls: *Wir wollen in dieser Einheit uns dem Thema Schöpfung bzw. Entstehung der Welt und des Lebens aus naturwissenschaftlichen Perspektiven nähern. Der eine oder die andere hat schon das eine oder das andere dazu gehört oder gelernt. Wir wollen an fünf Stationen diesen Blick vertiefen. Dazu arbeiten wir in Kleingruppen, die ihr nach Neigung bilden könnt. Achtet bitte darauf, dass die Gruppen ungefähr gleich groß sind. Jede Gruppe erhält einen Laufzettel, dem ihr entnehmen könnt, wo die Stationen zu finden sind. An jeder Station habt ihr 20 Minuten Zeit. Die Kleingruppen fangen an unterschiedlichen Stationen an und wechseln nach Ablauf der Zeit zur nächsten in der Reihenfolge. Also: Die Kleingruppe, die an Station zwei anfängt, wechselt dann zu Station drei; die Gruppe, die an Station fünf anfängt, wechselt zu Station eins usw. Wenn alle Gruppen die Stationen durchlaufen haben, treffen wir uns wieder im Plenum.*

Die Stationen im Einzelnen

Station 1: Die erste Station soll in die grundlegenden Mendel'schen Vererbungsgesetze einführen.
Gregor Mendel kreuzte Erbsen mit unterschiedlichen Blütenfarben und stellte zwei Gesetze zur Vererbungslehre auf. Seine Gesetze geben Aufschluss darüber, wie die »Eltern« eines Lebewesens ausgesehen haben könnten. Mehr noch kann man aufgrund der Mendel'schen Gesetze vorhersagen, mit welcher Wahrscheinlichkeit die »Kinder« eines bestimmten »Elternpaares« welches Aussehen haben werden.
An dieser Station soll mit Hilfe zweier Arbeitsblätter (M1) spielerisch »gemendelt« werden (für Biologen vielleicht auf nicht ganz korrekte Art und Weise), d. h. Kühe unterschiedlicher Fellfarbe sollen miteinander gekreuzt werden (M2). Ziel ist, zu erkennen, dass es eine immense Vielfalt gibt und dass die (genetische) Herkunft auch über die (genetische) Zukunft entscheidet.
Außerdem kann die Station das Gespür dafür wecken, dass Zeugung bzw. im weitesten Sinne Schöpfung bestimmten Gesetzmäßigkeiten unterliegt.

Impuls: *An dieser Station sollt ihr grundlegende Gesetze der Vererbungslehre kennen lernen, wie sie schon ihr Entdecker Gregor Mendel formuliert hat. Es ist kein Zufall, dass wir so sind, wie wir sind. Am Beispiel der Kühe lässt sich das zeigen. Im Tierreich gibt es schwarze Kühe (SS), weiße Kühe (WW), braune Kühe (BB) sowie schwarzweiße (SW), schwarzbraune (SB) und weißbraune (WB) Kühe.*

Wenn diese Kühe sich paaren, dann sehen ihre Kälber entweder so aus wie sie selbst oder die Kälber sind ›eine gute Mischung‹ der Eltern! Welche Eltern können welche Kinder bekommen? Ihr habt dazu sechs unterschiedlich farbige Kühe auf dem Materialblatt (M2). *Damit könnt ihr munter drauflos kreuzen – natürlich geht es in der Natur nicht ganz so einfach. Als Kontrolle dient euch der Lösungszettel* (M1).

Grafik © Marco Kosziollek, Kassel

Station 2: In Filmen können manchmal komplizierte Sachverhalte vereinfacht dargestellt werden. Der Film »Zehn hoch« ermöglicht genau dies: Die Zuschauenden können einen Blick von außen auf das Universum tätigen, ohne selbst zum Astronauten zu werden. Und sie können ganz ohne technischen Aufwand in die kleinsten Winkel unseres Körpers Einblick erhalten. Die Kamera nimmt den Betrachter mit auf eine Reise in den Makrokosmos und in den Mikrokosmos. Ausgangspunkt ist ein Picknick zweier Menschen auf einer Wiese, aus einem Meter Abstand gefilmt. In den folgenden Einstellungen wird der Abstand jeweils um den Faktor zehn verändert – bis die Reise im Kosmos endet. In einer zweiten Reise in entgegengesetzter Richtung geht es vom gleichen Ausgangspunkt in den menschlichen Körper bis ins Innere einer menschlichen Hautzelle.
Ziel dieses Films ist es wahrzunehmen, dass extreme Nähe bzw. extreme Ferne uns ein ganz anderes Bild unserer Umwelt vermitteln als wir es im Alltag wahrnehmen (M3).

Impuls: *Sucht euch einen bequemen Platz, von wo aus ihr die Leinwand gut sehen könnt. Wir werden einen Film zusammen anschauen und uns dann im Anschluss darüber austauschen.*

Den Film »Zehn hoch«, (Dokumentarfilm von zehn Minuten Länge) müsste man bei jeder guten Medienzentrale oder Film- und Bildstelle entleihen können – so z. B. in der Medienzentrale in Kassel (AF 751). Zu diesem Film gibt es auch Arbeitstransparente, die man mit dem Film entleihen kann.

Station 3: An dieser Station steht die Erfahrung im Mittelpunkt, dass unser Gehirn in der Umsetzung des Gesehenen uns manchmal »Trugbilder« übermittelt. Gemäß dem Satz »Das glaube ich erst, wenn ich es selber sehe!« sollte hier erfahren werden, dass auch das nicht immer glaubhaft ist, was wir sehen. Allein durch Sinneseindrücke – in dem Fall durch Betrachtung – lässt sich die Welt nicht gänzlich erklären.
Um dies zu verdeutlichen, liegen an dieser Station Vexierbilder (d. h. Bilder, die zwar zwei Dinge gleichzeitig darstellen, von denen man jedoch immer nur eins sieht, je nachdem, worauf man achtet) und optische Täuschungen aus (M3).

Impuls: *An dieser Station geht es um das Sehen. Ihr seht hier ein paar Bilder und Zeichnungen. Betrachtet diese bitte ganz genau, und sagt mir, was ihr seht. Vielleicht sehen ja nicht alle das Gleiche.*

Station 4: Schöpfung ist Weltentstehung aus dem Nichts. Etwas Ähnliches wird mit dem Urknall ausgedrückt, dem gegenwärtig gängigen naturwissenschaftlichen Erklärungsversuch, wie Weltall und Welt entstanden sind. Auch er beinhaltet den Gedanken einer Schöpfung aus dem Nichts. Information dazu werden auf einem Arbeitsblatt vermittelt, das als Lückentext mit Lösungshilfen gestaltet ist und das die Teilnehmenden an dieser Station bearbeiten (M4).

Impuls: *Urknalltheorie – so nennen Physiker die Theorie zur Entstehung des Weltalls und unserer Erde. Was das im Einzelnen besagt, sollt ihr euch erarbeiten mit Hilfe dieses Lückentextes. Ihr könnt versuchen, die Aufgabe als Gruppe zusammen zu lösen oder erst in Einzelarbeit mit dem Text arbeiten und dann die Lösungen vergleichen und ergänzen. Viel Spaß.*

Station 5: An dieser Stationen kommen die Bausteine des Lebens, die Aminosäuren ins Spiel. An einem vereinfachten Schema eines genetischen Aufbaus soll deutlich werden, dass zwei ganz unterschiedliche Lebewesen wenigstens genetisch verwandt sein können. Dazu werden nach einem einfachen Bauplan Teile von Aminosäureketten, aus denen alle Lebewesen auf Erden »zusammengebaut sind«, spielerisch »nachgebaut«. Die Station kann auf diese Weise veranschaulichen: Ich bin einzigartig und doch mit anderen verwandt. Als Material eignen sich Magnetstäbchen oder einfache Legosteine (M5).

Impuls: *Baut doch in Partnerarbeit – in einem vereinfachten Versuch – einfach mal einen Teil der DNS von zwei Lebewesen nach! Einer von euch baut einen Teilstrang der DNS eines Menschen nach, der oder die Zweite einen Teilstrang der DNS eines Huhns.*
Bitte arbeitet unabhängig voneinander und schaut nicht, was der andere macht. Am Ende vergleicht euer Ergebnis! Was fällt auf?

Abrunden kann man diese Station durch den Blick auf einen »Stammbaum«, der an der Station ausgelegt ist (M6).

Innerhalb des Stationenlernens werden wiederum unterschiedliche Methoden genutzt, um die Beschäftigung mit den naturwissenschaftlichen Aspekten der Schöpfung bzw. Weltentstehung möglichst interessant zu gestalten: Vergleich und Aufkleben von Lösungen, Medien (Film), Fragestellung, die zu eigenen Entdeckungen aufgrund des ausgehändigten Materials selbstständig gemacht werden konnten, Lückentext zur Informationsvermittlung, kreatives Gestalten mit Magnetstäbchen oder Legosteinen.

Innerhalb dieser ersten Arbeitseinheit werden die Teilnehmenden ausschließlich mit den Gesetzen oder Gesetzmäßigkeiten der Naturwissenschaften vertraut gemacht. Im Gespräch zwischen Naturwissenschaft und christlichem Schöpfungsglauben dient es dem Kennenlernen der einen von beiden Gesprächspositionen, ohne die ein redlicher Dialog nicht geführt werden kann.

Die weiteren Arbeitsschritte sowie die vollständigen Erläuterungen zum Verlaufsplan finden sich in ausführlicher Form auf der beiliegenden CD-ROM.

V. Schlussbemerkungen

Was noch erwähnenswert ist

Dieses Wochenendseminar ist so angelegt, dass die Teilnehmenden es in eigenen Arbeitsschritten und Methoden in ihre Konfirmandenarbeit übertragen können. In der Durchführung ist es offen für die Mitarbeit von Personen aus dezidiert naturwissenschaftlichen Bezügen (der Fächer Biologie oder Physik beispielsweise), die als externe Fachleute den Aspekt der naturwissenschaftlichen Sichtweise in Fragen der Welt- und Lebensentstehung beisteuern können.

Bei alledem ist selbstverständlich, dass beim Thema »Schöpfung« selbst in einem Wochenendseminar nicht alle Aspekte erschöpfend behandelt werden können.

Setting/Rahmenbedingungen

Keine besonderen Rahmenbedingungen nötig.

Welche Möglichkeiten gibt es, die einzelnen Module einzusetzen?

C

KoMit-Ausbildung – Teamerausbildung in Wochenendkursen

Hartmut Feußner

Die Idee, eine Ausbildung für ehrenamtlich Mitarbeitende in der Konfirmandenarbeit – »KoMit« (Konfirmanden-Mitarbeit) – durchzuführen, ist in Zusammenarbeit der Arbeitsstelle für Konfirmandenunterricht im pädagogisch-theologischen Institut der EKKW mit dem evangelischen Stadtjugendpfarramt Kassel entstanden. Entsprechend war an der Planung und Durchführung ein Team von Sozialpädagogen/innen, Diakon/innen und Theologen/in beteiligt. Das kann als modellhaft für die Zusammenarbeit, ja Verzahnung von Konfirmandenarbeit und Jugendarbeit angesehen werden.

Ausgangspunkt unserer Überlegungen:
In jeder Kirchengemeinde findet Konfirmandenarbeit statt. Erfreulicherweise engagieren sich vielfach ehrenamtliche Mitarbeiterinnen und Mitarbeiterinnen in der Konfirmandenarbeit.
Konfirmandenarbeit (KA) kann durch diese Mitarbeit von Ehrenamtlichen an Profil gewinnen.
Die Beteiligung von Ehrenamtlichen macht zum einen deutlich, dass die Konfirmandenarbeit keine Veranstaltung der Pfarrerin oder des Pfarrers, sondern ein Angebot der Kirchengemeinde an die heranwachsende Generation ist. Zum anderen ist die Beteiligung qualifizierter Ehrenamtlicher gerade auch

unter sich verändernden Rahmenbedingungen für manche Organisationsform von KA unerlässlich, z. B. für Blockunterricht, sei es an Konfirmandentagen, Wochenenden oder/und Freizeiten. Aber auch für den wöchentlich stattfindenden Konfirmandenunterricht bietet die Beteiligung Ehrenamtlicher (aber auch Hauptamtlicher; ein Thema für sich) große Chancen.
So oder so, KA mit Ehrenamtlichen vorbereitet und durchgeführt, ist zuerst einmal immer geplante KA, in die sich mehrere Beteiligte mit ihren Einsichten, Erfahrungen, Gaben und Wissensschätzen einbringen können.
Für den Unterrichtsvollzug bieten sich so vielfache Möglichkeiten für eine Binnendifferenzierung und (Klein-)Gruppenarbeit.
Zum dritten: Ehrenamtliche werden von den Konfis anders wahrgenommen als Pfarrer/innen. Sie sind keine »Berufschristen, die glauben müssen«, sondern leben ihren Glauben im Engagement mit und für diese Jugendlichen. Konfirmandinnen und Konfirmanden erleben an diesen Ehrenamtlichen, was es heißen kann, sich auch nach der Konfirmation in der Gemeinde zu engagieren. Sie erleben diese Helfer als authentische, glaubwürdige Christen in ihrem eigenen Alter.
Entwicklungspsychologische Forschungen haben versucht, die so genannten »Stufen des Glaubens« (Fowler) herauszuarbeiten. Bei Jugendlichen in diesem Alter wird der Glaube seiner Struktur nach meist als synthetisch-konventionell beschrieben. Das bedeutet u. a., dass der Glaube auch dadurch für Jugendliche an Bedeutung gewinnt, wenn viele ihrer Bezugspersonen diesen Glauben teilen. Ehrenamtlich Mitarbeitende sind auch von daher Zeugen des Glaubens für Gleichaltrige. Und oft sind die von den Konfis in ihrer Konfirmandenzeit erlebten ehrenamtlichen Teamer Anreiz, selbst nach der Konfirmation als Ehrenamtliche (in der KA) mitarbeiten zu wollen.
Aus all diesen Überlegungen erschien es dem Fortbilderteam sinnvoll und notwendig, Ehrenamtliche zu schulen, ihre Bereitschaft zur Mitarbeit zu stützen und ihre Kompetenzen zu fördern.
Ziele dabei sind, sie in ihrer eigenen Rolle zwischen Konfirmand/innen und Pfarrer/innen zu stärken, sie sprachfähiger werden zu lassen in Fragen des Glaubens, sie handlungsfähiger zu machen im Umgang mit den Jugendlichen und der Gruppe, sowie in der Umsetzung verschiedener Themen.

Die Ausbildung »KoMit« wendet sich deshalb vornehmlich an Jugendliche und junge Erwachsene, die entweder schon aktiv in der KA mitarbeiten oder erst mit ihrer Mitarbeit beginnen wollen. Die Ausbildung zur Mitarbeiterin oder zum Mitarbeiter in der KA soll qualifizieren und fit machen, nicht nur »Handlanger« eines Pfarrers oder einer Pfarrerin zu sein, sondern die eigene neue Rolle in der Konfirmandenarbeit zu finden und dabei selbstständig tätig zu werden und zwar sowohl inhaltlich als auch methodisch. Dazu braucht es reflektierte Praxiserfahrung.

Die Ausbildung »KoMit« ist wie folgt angelegt:
Nach einem Starter-Seminar (bzw. einem Starter-Tag, dessen Programm eine Kurzfassung des Starterseminars sein kann) können die Teilnahmerinnen und Teilnehmer sich entscheiden, ob sie Interesse haben, an dieser Ausbildung teilzunehmen.
Bestandteile dieser Ausbildung sind die Teilnahme an fünf KoMit-Wochenenden, von denen zwei pro Jahr stattfinden, die Vorstellung eines eigenen Projekts, das im Rahmen der eigenen Mitarbeit in der eigenen Gemeinde/Konfirmandengruppe durchgeführt wurde.

Die Wochenenden selbst sind jeweils als abgeschlossene Module angelegt, die sich auch von den an diesen Wochenenden teilnehmenden ehrenamtlichen Mitarbeiterinnen und Mitarbeitern in ihrer Gemeinde und Konfirmandenarbeit umsetzen lassen, z. B. als Projekt, das in Planung und Durchführung vorgestellt werden kann.
Durch die Vorstellung der Projekte/Mitarbeit werden die Praxiserfahrungen der TN in die Fortbildungsreihe eingebunden und können im Rahmen einer Präsentation am Sonntagmorgen thematisiert werden. Außerdem erhalten neu hinzukommende TN einen Eindruck von den Möglichkeiten, als Ehrenamtliche in der KA zu arbeiten.
Die TN an der KoMit-Ausbildung müssen nicht jedes Seminar besuchen. Die Reihe wird kontinuierlich fortgesetzt. Themen und Orte der fortlaufenden KoMit-Reihe werden von den TN und dem Fortbilder-Team gemeinsam beschlossen.
Nach der Teilnahme an insgesamt fünf KoMit-Wochenenden und der Projektpräsentation (meist am vierten oder fünften Wochenende der entsprechenden TN) erhalten die TN ein Zertifikat über die Fortbildung. Auf Wunsch – und in Absprache mit den Pfarrer/innen vor Ort – werden die TN dann als (zertifizierte) Mitarbeitende in der KA (noch einmal) in einem Gottesdienst in ihrer Gemeinde vorgestellt – und für ihre Mitarbeit eingesegnet.

Da die KoMit-Reihe ständig um weitere Module ergänzt wird, können auch diejenigen, die bereits an fünf Wochenenden teilgenommen haben, weiterhin dabei bleiben.
Durch neu hinzukommende ehrenamtlich Mitarbeitende (und durch Wegbleiben bereits zertifizierter Mitarbeiterinnen und Mitarbeiter) kann sich die Gruppenzusammensetzung von KoMit-Wochenende zu Komit-Wochenende ändern.
Alle TN erhalten von jedem Modul/Wochenende eine Dokumentation mit allen Arbeitseinheiten und Informationen.
Die Konzeption der KoMit-Ausbildungsreihe, die Planung und Durchführung der Module/Wochenenden war nur möglich im Team. Nicht alle für das Gesamtprojekt Verantwortlichen waren an allen Modulen beteiligt. Zum Team gehörten (in alphabetischer Reihenfolge): Anja Baum, ehemalige Stadtjugendpfarrerin im evangelischen Stadtjugendpfarramt in Kassel, Hartmut Feußner, Studienleiter im PTI Kassel, Marco Kosziollek, Stadtjugendpfarrer im evangelischen Stadtjugendpfarramt in Kassel, Thorsten Krug, Diakon und Jugendbildungsreferent in Kassel, Monika Ochs, Sozialpädagogin, Ulrike Wallbaum, Diakonin und Sozialpädagogin.

Schulungsmöglichkeiten in Württemberg

Karin Schlenker-Gutbrod

1. Vorbemerkungen

Wie und weshalb sind die Schulungsmodule aus Württemberg, die in diesem Buch abgedruckt sind, entstanden?

Beobachtungen: In der KA arbeiten zunehmend jugendliche Konfiteamer mit. Manche Kirchengemeinde organisiert eigene Kurz-Schulungen, die meisten junge Ehrenamtlichen werden jedoch ohne Schulung in die KA integriert. Es gibt keine regelmäßigen überregionalen Schulungen für Konfiteamer, aber es gibt Grundkursschulungen der Jugendarbeit. Es entstanden die ersten Überlegungen zur Frage: Wie könnten Konfirmanden- und Jugendarbeit im Bereich der Schulungen kooperieren?

Das Projekt »Verknüpfung von Konfirmanden- und Jugendarbeit« wurde in der Württembergischen Landeskirche initiiert.
Ein Teilziel war: Schulungs- und Trainingsmodule für junge Ehrenamtliche sollen entwickelt, erprobt, dokumentiert und multipliziert werden.
Karin Schlenker-Gutbrod verantwortete von 2003–2006 mit 50 % Dienstauftrag als Projektreferentin und Organisationsentwicklerin dieses innovative Projekt. Gemeinsame Projektträger waren das Pädagogisch Theologische Zentrum der Württembergischen Landeskirche (ptz) und das Evang. Jugendwerk in Württemberg (ejw). Mittlerweile hat sich ein landesweiter Arbeitskreis »Verknüpfung Konfirmanden- und Jugendarbeit« gebildet, der das Thema nach Projektende weiter forciert und u. a. auch weitere Schulungsmodule entwickelt und multipliziert.

2. Ziele und Zielgruppe der Schulungen

Wer kommt für Schulungen in Frage?
- Ex-Konfirmandinnen und -konfirmanden (14 Jahre und älter) – zunehmend die Hauptzielgruppe!
- Quereinsteiger aus der Jugendarbeit (Teenagerarbeit, Jugendkreis, Hauskreis).

- Wiedereinsteiger: Ältere Ehrenamtliche (30 Jahre und älter), die nach längerer Pause im Bereich KA mitarbeiten wollen.
- Konfirmandeneltern, die in der KA mitarbeiten möchten. (Sie sollten nicht unbedingt im KU des eigenen Kindes tätig sein.)

Ziele: Die EA sollen durch Schulungen in der KA …
- für die Zusammenarbeit mit dem Pfarrer, der Pfarrerin bzw. dem Konfiteam vor Ort befähigt werden.
- Sicherheit über ihre Rolle in der KA bekommen und ihre eigene Persönlichkeit entfalten und entwickeln dürfen.
- Kenntnisse und Fähigkeiten für den Umgang mit den Konfis erlernen (Methoden, Bausteine usw.).
- durch die Schulung auch selbst neue Zugänge zum Glauben bekommen und geistlich wachsen können (Mehrwert!).

Das optimale Konfiteam
- besteht aus EA und Pfarrer/in, die in das Konfirmandenjahr investieren.
- besteht aus EA, die bereit sind, nach der Konfirmation mit den Konfirmierten eine weitere Wegstrecke zu gehen.
- engagiert sich gemeinsam für ein gutes Konfijahr **und** baut frühzeitig stabile Brücken in die Jugendarbeit.

3. Einsatzmöglichkeiten für die Schulungs- und Trainingsmodule

- Einzelne Module in bestehende Schulungen der Jugendarbeit einbauen.
- Einzelne Module in eigenem Konfiteam einsetzen.
- Einzelne Module auf Bezirksebene für mehrere Kirchengemeinden anbieten.
- Module im TRAINEE-Programm einbauen. – 14-tägige Abendschulung für Konfiteamer bzw. Exkonfis.

3.1 Schulungen für die Zielgruppe »Exkonfis« – Exkonfis werden Mitarbeitende in der KA

- Sie sind noch jung und haben keine oder wenig ehrenamtliche Erfahrung, aber sie finden in der Regel in ihre Rolle als Mitarbeitende hinein. Wenn

sie als Konfis schon KA im Team erlebt haben, orientieren sie sich an »ihren« Ehrenamtlichen.
- Sie werden in ein Konfiteam mit konstanter Leitung und Begleitung integriert.
- Sie übernehmen Verantwortung ihrem Alter entsprechend, sie werden weder unter- noch überfordert.
- Sie lernen mit Methoden umzugehen und eine Kleingruppe anzuleiten.
- Sie reflektieren christliche Inhalte und den eigenen Glauben.
- Sie werden nebenbei ausgebildet als kompetente Ansprechpartnerinnen und -partner für Teenager; d. h. die Mitarbeit in der KA kann den Einstieg in eine Konfirmiertenarbeit wesentlich erleichtern.

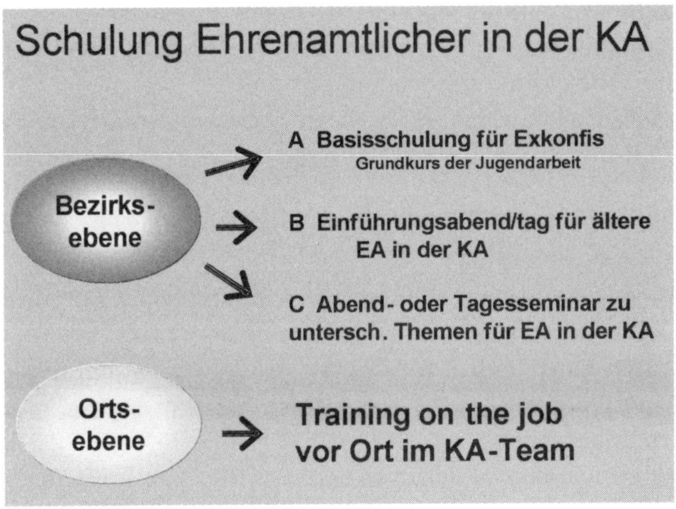

Diese jungen Exkonfis erhalten auf Kirchenbezirks-/Dekanatsebene eine Basisschulung auf dem Jugendleiter-Grundkurs der Jugendarbeit und werden danach vor Ort im Konfiteam weiter begleitet durch »Training on the job«.

Basisschulung
- Die Basisschulungen der Jugendarbeit finden in jedem Kirchenbezirk jährlich kontinuierlich statt.
- Die Exkonfis werden mit Gleichaltrigen zusammen geschult.

- Gemeinsame Schulungseinheiten sind z. B. Persönlichkeitsbildung, Aufsichtspflicht, Gruppenpädagogik, Spiele, Spiritualität.
- Getrennte Schulungseinheiten nur für die Konfiteamer sind z. B. meine Rolle als MA in der KA, Moderation von Kleingruppen in der KA ...
- Die Verknüpfung von Konfirmanden- und Jugendarbeit wird selbstverständlicher.
- Die Schulung der Exkonfis findet in einer Kooperation der Jugendarbeit mit der Konfirmandenarbeit statt (in Württemberg: Bezirksjugendwerk mit KA-Bezirksbeauftragten). Die getrennten Schulungseinheiten für die Konfiteamer übernehmen der KA-Bezirksbeauftragte, Bezirksjugendpfarrer/Pfarrerin oder eine ehrenamtlich erfahrene Person aus der KA.

Problemanzeige: Wenn der Jugendleiter-Grundkurs zeitlich versetzt zum Start des Konfirmandenjahres läuft, müssen die jungen Teamer vor Ort gemeindeintern eine erste Einführungsschulung erhalten.
In solchen Fällen können diese Konfiteamerschulungen auch in Zusammenarbeit mit mehreren Gemeinden stattfinden.

Exkonfis als MA in der KA werden vor Ort im Konfiteam weiter begleitet durch »Training on the job«.
- Es gibt gemeinsame Vorbereitungszeiten im Konfiteam. Aufgaben werden festgelegt, Ideen eingebracht, Fragen beantwortet usw.
- Die jungen Ehrenamtlichen beteiligen sich in der KA und werden weder unter- noch überfordert. Sie lernen durch Nachmachen <u>und</u> machen ihre eigenen Erfahrungen.
- Es gibt gemeinsame Reflexionszeiten. Positives und kritisches Feedback bringt die jungen Konfiteamer weiter.

3.2 Schulungen für die Zielgruppe »Erwachsene« – Einführungsabend/-tag für Erwachsene in der KA

Ältere Ehrenamtliche werden Mitarbeitende in der KA: Sie haben oft schon Erfahrung in der Arbeit mit Kindern oder mit Projekten. Sie bringen viele Qualifikationen aus ihrer Berufs- und Familienwelt mit, daher ist in der Regel keine Basisschulung mehr nötig. Und doch ist die KA ein neues und ungewohntes Arbeitsfeld. Ein Einführungsabend oder Tag erleichtern den Ein-

stieg. Themen könnten z. B. sein: Umgang mit Jugendlichen, Pubertät, meine Rolle als Erwachsener in der KA etc.
Solche Einführungsabende für erwachsene Ehrenamtliche können auf Bezirksebene oder nur gemeindeintern stattfinden.

3.3 Gemeinsame Schulungen für junge und ältere Ehrenamtliche – Weiterführende Abend- und Tagesseminare für Anfänger und Fortgeschrittene in der KA

Einzelschulungen:
- jugendliche Werkstattgottesdienste mit Konfis durchführen
- Moderation, Fragetechniken (auch für Kleingruppen in der KA)
- Verknüpfung von Konfirmanden- und Jugendarbeit
- Recht und Aufsichtspflicht in der KA
- mit Störungen/Konflikten umgehen

4. Das TRAINEE-Programm für Exkonfis

Oft sind Jugendliche im Konfialter noch sehr motiviert als Ehrenamtliche mitzuarbeiten. Sie sind einerseits zu jung, um z. B. eine Kindergruppe eigenständig zu leiten, andererseits ist der Wille zur Mitarbeit mit 14 Jahren da, sie möchten nicht noch ein oder zwei Jahre warten. Sie wollen sich einsetzen, brauchen aber noch intensive Schulung und Begleitung. In der Regel besuchen sie einen Jugendleiter-Grundkurs als Schulungsblock und werden dann vor Ort ins kalte Wasser geschmissen. Da kann die anfängliche Motivation schnell im Sand verlaufen, wenn keine gute Begleitung vor Ort vorhanden ist.

Grundidee von TRAINEE
Erlebnis- und praxisorientierter Kurs für 14–16-jährige Jugendliche. Sie bekommen durch regelmäßige Treffen (mind. 14-tägig) und Praktika wichtige Impulse zur Persönlichkeitsentwicklung und erwerben sich in sechs bis zwölf Monaten die Qualifikation zum/zur Jugendleiter/in und zum/zur Schülermentor/in. Der Kurs kann sowohl im Schulbereich, als auch an die Konfirmanden- und Jugendarbeit »andocken«.

Prozess statt Block

Nicht im üblichen Schulungsblock, sondern in wöchentlichen oder 14-tägigen Gruppentreffen werden die wichtigsten Schulungsinhalte vermittelt. Eine verbindliche Gleichaltrigengruppe lässt sich auf einen Weg ein. Die Schulungen sind für alle einheitlich. Die Praxiseinsätze können variieren.

Theorie und Praxis – fünf Beispiele

Die TRAINEE-Gruppe bereitet eine Kinderbibelwoche vor und führt sie gemeinsam durch (zuerst Schulung, dann gemeinsames Praxisprojekt).

Die TRAINEE-Gruppe wird geschult, bereitet einen Jugendgottesdienst vor, führt ihn gemeinsam durch, wird wieder geschult und führt ein ähnliches Praxisprojekt durch (Schulung, gemeinsames Praxisprojekt, Schulung, gemeinsames Praxisprojekt).

Die TRAINEE-Gruppe wird geschult, und hat verschiedene Praxiseinsatzorte (gemeinsame Schulung, verschiedene Praxisprojekte: KA, Arbeit mit Kindern usw.).

Eine TRAINEE-Gruppe besteht nur aus Konfiteamern, der gemeinsame Praxiseinsatz ist die KA. Der Leiter solch einer KA-TRAINEE-Gruppe kann der Pfarrer/die Pfarrerin sein; besser noch ein erfahrener Ehrenamtlicher, der schon in der KA mitgearbeitet hat und nun Exkonfis zu Konfiteamern ausbildet.

Ziele: Das TRAINEE-Programm kann die Auseinandersetzung mit Grundfragen des Lebens anregen und zu einer Einladung zum Glauben werden. Für Konfirmierte ist TRAINEE nach der Konfirmation ein konkretes Angebot, um sich nicht aus der Gemeinde zu verabschieden, sondern aktiv einzusteigen. Gemeinden, die das TRAINEE-Programm zielstrebig verfolgen, haben keine Schwierigkeiten, Nachwuchsmitarbeitende zu finden. Sie stehen eher vor der Herausforderung nach Abschluss von TRAINEE die neuen Mitarbeitenden »unterzubringen« und zu begleiten.

Literaturhinweis zu 4: Kanzleiter, Götz/Krebs, Reinhold: Das TRAINEE-Programm. Kompetenzen trainieren, Jugendliche gewinnen, Engagement fördern, Stuttgart 2005

Wochenendseminare und Schulungstage als offenes Angebot

Heinz Adler

In Baden haben sich zwei Fortbildungsformen etabliert. Zum einen Wochenendseminare (Freitagabend bis Sonntagmittag), die im offiziellen Fortbildungsprogramm der Landeskirche ausgeschrieben werden und zu denen sich Mitarbeitende aus den Gemeinden anmelden können. Der Reiz dieser Form liegt darin, dass ein intensiver Austausch zwischen den Ehrenamtlichen über ihre Arbeit stattfindet und es zu gegenseitiger Bereicherung kommt, denn in jeder Gemeinde wird die Konfirmandenarbeit doch immer etwas anders durchgeführt. Für die ehrenamtlichen Mitarbeitenden sind die Wochenenden kostenfrei. Die Badische Landeskirche trägt die Kosten und will damit auch ihren Dank für die geleistete Arbeit ausdrücken. In der Regel ergibt sich eine gute Mischung aus Erwachsenen und Jugendlichen, die in der Konfirmandenarbeit engagiert sind. Auch das trägt zu einem intensiven Austausch und einem Miteinanderlernen bei und führt oft dazu, dass in Gemeinden, in denen keine Jugendlichen in der KA mitarbeiten, Jugendliche bewusst für die Mitarbeit gesucht werden, oder, wenn keine Erwachsene dabei sind, bewusst Erwachsene gesucht werden. Denn gerade das Zusammenarbeiten von Erwachsenen und Jugendlichen ist nicht nur für beide Altersgruppen attraktiv, sondern auch für die Konfirmandinnen und Konfirmanden, denn sie erleben hier eine Form der Lerngemeinschaft, die sie sonst nirgends wahrnehmen können. Die große Bereitschaft von Konfirmandinnen und Konfirmanden, später im KU-Team mitarbeiten zu wollen, dürfte hier einen wesentlichen Motivationsfaktor haben.

Die Seminarwochenenden folgen einem Dreischritt: Begehen – Besprechen – Reflektieren.

Die einzelnen Arbeitsschritte werden mit den Teilnehmenden durchgeführt, die Durchführung wird besprochen und dann folgt eine Reflektionsphase im Blick auf die Umsetzbarkeit im Konfirmandenunterricht und im Blick auf die eigene Lern- und Glaubensgeschichte.

Eine weitere Möglichkeit, neben Wochenendkursen, ist die Durchführung von Schulungstagen. In der Regel gibt es eine Gemeinde, die mit ihren Ehrenamtlichen einen Schulungstag plant und dazu aus dem Bezirk noch weitere Ehrenamtliche einlädt. Dazu werden vom Religionspädagogischen Institut sog. Regionalwunschtage mit Themen angeboten, die von den Gemeinden oder von Bezirken gebucht werden können. Voraussetzung dafür ist eine Mindestgruppengröße von zehn Personen, ein entsprechender Raum und ein Zeitfenster von mindestens sechs Zeitstunden. Da die Zahl der Ehrenamtlichen in der Konfirmandenarbeit in Baden kontinuierlich wächst, ist langfristig das Ziel, solche Schulungstage in den Regionen fest zu verankern und von engagierten Pfarrerinnen/Pfarrern, Diakoninnen/Diakonen oder geeigneten Ehrenamtlichen selbst durchführen zu lassen.

Abschluss

D

1. Was wir sonst noch wichtig finden

Eine profilierte Konfirmandenarbeit braucht profilierte Mitarbeitende, davon gehen die Schulungsmodule in diesem Buch aus. Die Vorbereitung der Konfirmandenarbeit und die Schulung der Ehrenamtlichen verlangt eine gewisse Kontinuität, d. h. mit Eintagsfliegen darf hier nicht gearbeitet werden. Vor allem bei jugendlichen Ehrenamtlichen ist die Dauer der Mitarbeit meist recht kurz, weil schulische oder berufliche Belange ein längeres Engagement nicht zulassen. Das darf aber nicht dazu verleiten, zu meinen, hier würde sich Schulung und Begleitung nicht lohnen.
Generell dürfte es sinnvoll sein, jeweils mit den Mitarbeitenden die Dauer ihres Engagements abzuklären. Die Erfahrung zeigt, dass gut Mitarbeitende gefunden werden, wenn die zeitliche Belastung sich auf einen Konfirmandenjahrgang beschränkt und dann neu entschieden werden kann, ob man weiterhin mitarbeiten will. Aber auch für diese Mitarbeitenden muss es Schulungen geben. Was für und mit dem Konfirmandenunterricht gelernt wird, wirkt ja über den Zeitrahmen des Konfirmandenunterrichts hinaus und qualifiziert auch für das eigene Leben und für noch ganz andere Arbeitsbereiche in den Gemeinden oder Regionen.
Wir gehen davon aus, dass Mitarbeitende in der Konfirmandenarbeit in einem gottesdienstlichen Akt sowohl eingeführt als auch verabschiedet werden. Dafür bieten die Agenden Vorlagen.
Wann immer in einem Team gearbeitet wird, geht es um eine Kultur der Wertschätzung und einen kooperativen Leitungsstil, auch das hat Vorbildfunkti-

on im Blick auf Konfirmandinnen und Konfirmanden und vermittelt mehr vom Geist des Evangeliums als viele theologisch richtigen Worte. Gerade in der Konfirmandenarbeit mit Ehrenamtlichen hat die Rede vom Priestertum aller Glaubenden ihren anschaulichen Ort und verändert sich das Bild von Gemeinde. Wenn Konfirmandinnen und Konfirmanden erleben, dass Ehrenamtliche wichtig und beteiligt sind, prägt das entscheidend ihr Bild von Kirche und eröffnet ihnen die Möglichkeit, ein eigenes Engagement ins Auge zu fassen. Die Wahrnehmung von Gemeinde wird durch die anderen Gemeindeglieder vielfältiger und muss sich nicht auf die Wahrnehmung dessen reduzieren, was die Pfarrerin, der Pfarrer oder andere Hauptamtliche darstellen.

2. Literaturverzeichnis

13. Shell Jugendstudie 2000, Bd. I., Opladen 2000.
Adam, Gottfried u.a. (Hg.): Raum für Begegnungen mit Gott, KU-Praxis 34, Gütersloh 1996.
Adam, Gottfried u.a. (Hg.): Kaum zu glauben – Anregungen und Bausteine zum Glaubensbekenntnis. KU-Praxis 38, Gütersloh 1998.
Adam, Gottfried u.a. (Hg.): Modelle 9: Zwischen Himmel und Erde – Anregungen und Bausteine zu den Themen Träume, Glück, Tod und Leben. KU-Praxis 41, Gütersloh 2000.
Adam, Gottfried u.a. (Hg.): Das Beste aus KU-Praxis 20 bis 29, Gütersloh 2001.
Adler, Heinz (Hg.): Das BibelHandBuch für Konfis und ihre Teamer. Gütersloh 2006. (Das Büchlein ist eine Beilage von KU-Praxis 49, kann aber auch als separates Buch bestellt werden).
Agenden zur Konfirmation (verschiedene Auflagen), besonders die neueste Agende der VELKD und EKU (Konfirmation. Agende Band III, neu bearbeitete Ausgabe 2001).
PTZ Stuttgart (Hg.): Anknüpfen. Praxisideen für die Konfirmandenarbeit, Stuttgart 2005.
Bonhoeffer, Dietrich: Wer bin ich, Gütersloh, 2. Aufl. 2005.
Domay, Erhard (Hg.): Konfirmation, Gottesdienstpraxis Serie B, Gütersloh 1985, 1990, 1997, 2003.
Domay, Erhard (Hg.): Mit Konfirmandinnen und Konfirmanden Gottesdienst feiern. Gottesdienstpraxis Serie B, Gütersloh 2005.
Evangelischer Oberkirchenrat der Württembergischen Landeskirche (Hg.): Mit Kindern und Jugendlichen auf dem Weg des Glaubens. Rahmenordnung für die Konfirmandenarbeit, Stuttgart 2000.
Großer, Achim/Krebs, Reinhold/Vom Schemm, Burkhard: Das Prinzip Sehnsucht. Erwachsene gewinnen für die Jugend- und Konfirmandenarbeit, Stuttgart 2005.
Großer, Achim/Lohrer, Jörg/Oberländer, Rainer u.a.: Sinn gesucht – Gott erfahren. Erlebnispädagogik im christlichen Kontext, Stuttgart 2005.
Großer, Achim/Schlenker-Gutbrod, Karin: Verknüpfen. Jugend- und Konfirmandenarbeit, Freizeit und Gruppenarbeit, Aktivgruppen gründen, Stuttgart 2006.
Großer, Achim: Tanzen ist Träumen mit den Füßen. TeenDance – Praxisbuch für Tanzgruppen, Stuttgart 2005.
Hartmann, Martin/Funk, Rüdiger/Arnold, Christian: Gekonnt moderieren, Weinheim und Basel 2000.
Heckmair, Bernd: Konstruktiv lernen, Weinheim 2000.
Hofmann, Beate: Teenykirche. Packende Gottesdienste für 10–13-jährige, Stuttgart 2004.
Hoffsümmer, Willi: Kurzgeschichten 1. Mainz 1986.
Kanzleiter, Götz/Krebs, Reinhold: Das TRAINEE-Programm. Kompetenzen trainieren, Jugendliche gewinnen, Engagement fördern, Stuttgart 2005.
Keßler, Hans-Ulrich/Nolte, Burkhardt: Konfis auf Gottsuche. Praxismodelle für eine handlungsorientierte Konfirmandenarbeit, Gütersloh 2003.

Klippert, Heinz: Methodentraining, Weinheim und Basel 2004.
Knoll, Jörg: Kleingruppenmethoden. Effektive Gruppenarbeit in Kursen, Seminaren, Trainings und Tagungen, Weinheim und Basel 1993.
Krebs, Reinhold/Vom Schemm, Burkhard: Aktivgruppen. Jugendliche entfalten Talente und entdecken den Glauben, Stuttgart 2006.
Küstenmacher, Werner Tiki: Wo ist der verlorene Sohn? 9. Aufl., München 1986.
Lipp, Ulrich/Will, Herrmann: Das große Workshop-Buch, Weinheim und Basel 1996.
Mokrosch, Reinhold: Wertehaltungen Jugendlicher heute, in: Ethik und Unterricht 1/1995.
Niehl, Franz W./Thömmes, Arthur: 212 Methoden für den Religionsunterricht, 7. Aufl., München 2005.
Schulze, Gerhard: Die Erlebnisgesellschaft, Frankfurt 1993.
Steig ein in die Bibel, Stuttgart 1997.
Trenn, Olaf u.a.(Hg.): Das TeamerHandBuch für Ehrenamtliche in der Konfirmandenarbeit, Gütersloh 2004.
Vopel, Klaus W.: Interaktionsspiele für Jugendliche, Teil 1, Salzhausen 1997.
Vopel, Klaus W.: Teamfähig werden. Spiele und Interaktionen, Salzhausen 2000.
Vopel, Klaus/Wilde, Bernhard: Glaube und Selbsterfahrung im Vaterunser, Hamburg, 3. Aufl. 1985.
Zinnecker, Jürgen u.a.: null zoff & voll busy. Die erste Jugendgeneration des neuen Jahrhunderts, Opladen 2002.

www.all-in-one-spirit.de/pdf/cafetogo_d.pdf
www.anknuepfen.de
www.guterunterricht.de
www.ka-ja.info
www.praxis-jugendarbeit.de

3. Die Autorin und Autoren

HEINZ ADLER
Pfarrer, Studienleiter am Religionspädagogischen Institut der Badischen Landeskirche, Karlsruhe

HARTMUT FEUSSNER
Pfarrer, Studienleiter am Pädagogisch-Theologischen Institut der EKKW, Kassel

KARIN SCHLENKER-GUTBROD
Diakonin und Organisationsberaterin, freiberuflich tätig in den Bereichen: Organisationsentwicklung, Training und Coaching, Stuttgart

4. Dank

Unser herzlicher Dank für die Mitarbeit an nachfolgenden Beiträgen gilt:

ANJA BAUM,
ehemalige Stadtjugendpfarrerin im Evangelischen Stadtjugendpfarramt in Kassel, für:
2.7 Gottesbilder – im Rahmen eines Starter-Seminars ... – ein Wochenendseminar
2.8 Live and let die – Tod und Leben nach dem Tod – ein Wochenendseminar
2.9 Schöpfung – »Stammt der Mensch vom Affen/von Adam ab?« – ein Wochenendseminar

MARTIN HINDERER,
Pfarrer und Dozent am Pädagogisch Theologischen Zentrum in Stuttgart, für:
1.3 Feedback geben und empfangen – ein Kurzseminar
1.4 Reden und Auftreten vor Konfigruppen – ein Kurzseminar
1.9 Kleingruppen anleiten, Teil 3 – Zur Werkstattgottesdienstgestaltung – ein Kurzseminar
1.10 Einen Konfirmandentag am Beispiel der »Zehn Gebote« vorbereiten und durchführen – ein Tagesseminar

MARCO KOSZIOLLEK,
Stadtjugendpfarrer im Evangelischen Stadtjugendpfarramt in Kassel, für:
2.7 Gottesbilder – im Rahmen eines Starter-Seminars ... – ein Wochenendseminar
2.8 Live and let die – Tod und Leben nach dem Tod – ein Wochenendseminar
2.9 Schöpfung – »Stammt der Mensch vom Affen/von Adam ab?« – ein Wochenendseminar

Thorsten Krug,
Jugendbildungsreferent ebenda, Diakon, Dipl.-Sozialpädagoge, für:
2.7 Gottesbilder – im Rahmen eines Starter-Seminars … – ein Wochenendseminar
2.8 Live and let die – Tod und Leben nach dem Tod – ein Wochenendseminar
2.9 Schöpfung – »Stammt der Mensch vom Affen/von Adam ab?« – ein Wochenendseminar

Monika Ochs,
Pädagogin, für:
2.7 Gottesbilder – im Rahmen eines Starter-Seminars … – ein Wochenendseminar
2.8 Live and let die – Tod und Leben nach dem Tod – ein Wochenendseminar
2.9 Schöpfung – »Stammt der Mensch vom Affen/von Adam ab?« – ein Wochenendseminar

Ulrike Wallbaum,
Diakonin, für:
2.7 Gottesbilder – im Rahmen eines Starter-Seminars … – ein Wochenendseminar
2.8 Live and let die – Tod und Leben nach dem Tod – ein Wochenendseminar
2.9 Schöpfung – »Stammt der Mensch vom Affen/von Adam ab?« – ein Wochenendseminar

Achim Wurst,
Gemeindepädagoge, Reutlingen, für:
1.4 Reden und Auftreten vor Konfigruppen – ein Kurzseminar